塗って重ねる幸せなおいしさ

スプレッドが決め手の
サンドイッチ

朝倉めぐみ

CONTENTS

SPREAD CONTENTS

作っておけば塗るだけ！

1. スプレッドを準備・保存

サンドイッチといっても種類はさまざまですが、食パンで作られたもっとも一般的な一口サイズのものを「ティーサンドイッチ（ティーサンド）」と言います。

この本では、そのティーサンドにぴったりなスプレッドをはじめ、52種類の手作りスプレッドを紹介しています。気になるものから作ってみましょう。

サンドイッチを食べたい当日にスプレッドを作れば新鮮なおいしさですが、保存瓶などに詰めて冷蔵庫で数日間持つものがほとんど。作りおきしておけば、食べたいときにいつでも手作りスプレッドを塗ったおいしいサンドイッチが食べられます。スプレッドの作り方はいたって簡単。P.14〜17を見てください。

水分はサンドイッチの大敵です

2. パンと材料を用意

パン屋さんに「サンドイッチ用に」と言うと12枚に切ってもらえます。本来、ティーサンドの具材は薄いものでしたが、現在では、ボリュームのある具材も人気です。具材によって、またはお好みで、パンの厚さも8〜10枚切りなどいろいろ替えてみてください。

スプレッドのほかに具入りのサンドイッチを作るときは、その材料を用意します。スプレッドは、バターなどの油分が具材の水分をコーティングする、という重要な役割を担っていますが、挟む具材そのものの水分を拭きとっておくことも大切です。特に野菜は、洗った後、ペーパータオルでよく拭いておきましょう。少しでも水分が残っていると、サンドイッチが水っぽくなり、おいしさが半減してしまいます。

「塗って」「挟んで」「切る」の作業はスピーディーに

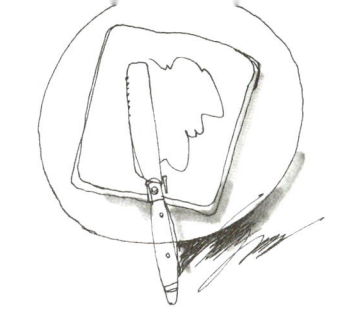

サンドイッチ作りの醍醐味！

3. スプレッドを塗る

食パンにスプレッドを塗るときは、真ん中を厚く、端にいくほど薄く塗っていきます。バターナイフやスプーンなど、塗りやすいもので。れんこんのように穴のあいた素材や具材の間にすきまができてしまうときは、その部分にもスプレッドを詰め、すきまを埋めましょう。切ったときの切り口がきれいに見えます。

また、ゆるい液状のスプレッドは1回でさらっと塗り、固めのスプレッドは置くように重ねて塗るとよいでしょう。

プレスが食べ心地を左右します

4. 挟む＋重しをする

ティーサンドのようなサンドイッチは、具材を挟んだあと、2枚のパンをくっつけてなじませます。具材を挟んでもう1枚のパンを重ねたら、そのままな板の上で、濡らしてしぼったペーパータオルをパンの上下に置き、パンがぱさつかないようにします。その上に重しをのせて5〜20分くらいおきましょう。

重しは、そんなに重くなくてかまいません。ひとの手でぎゅっと押さえる程度、上下のパンのミミが触れるくらいにプレスするのが目安です。重しはまな板でなくても、板状のものやお盆でもOK。重さが足りなければ、ボウルや鍋に水を入れて重しにします。重しになるものがないようでしたら、ラップでぴっちり包んで15分程度おいておきます。

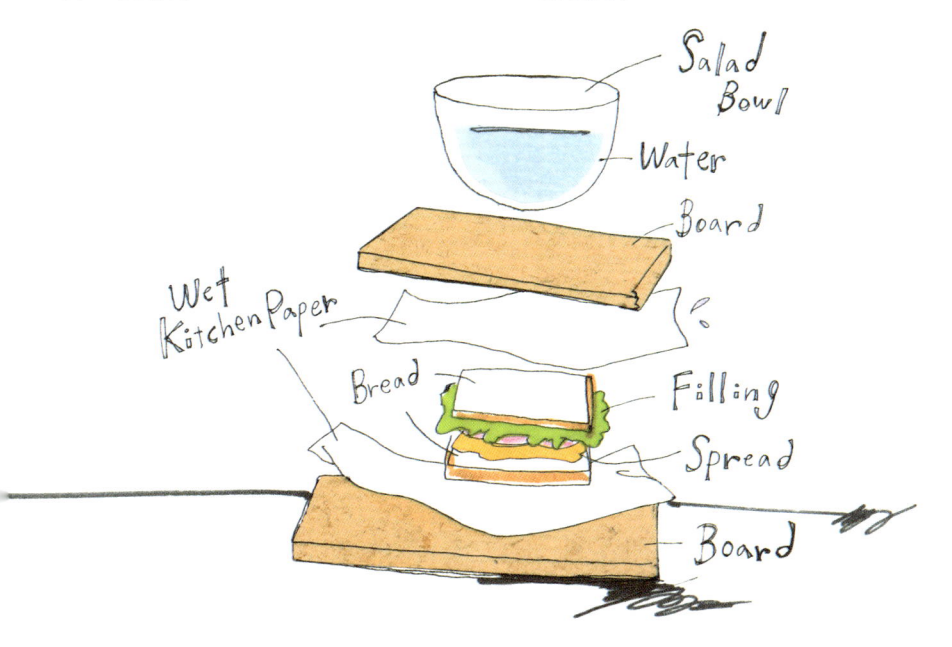

Salad Bowl

Water

Board

Wet Kitchen Paper

Bread

Filling

Spread

Board

やさしく扱うことが大切です

5. 切る

パンのミミを切り落とすだけならパン切りナイフでもよいのですが、ティーサンドを作る場合は、日頃使っている普通のステンレスの包丁が向いています。

具材はなるべく冷たく、包丁は温かくしておくと、きれいに切ることができます。具材やスプレッドはあらかじめ作って冷蔵庫に入れておき、挟むときに取り出すなどして、スピーディーに作りましょう。

また、トーストサンドの場合は、温かい具材は温かいうちに挟み、なるべく温かいうちに切ります。

どちらの場合も、包丁は鍋に湯をはり、蒸気で温めると切りやすくなります。温めたあとは、水分を拭き取ってから使います。また、湯で濡らしたタオルやキッチンペーパーでこまめに包丁を拭きながら切ると、切り口がきれいに仕上がります。

片方の手でパンを押さえながら切っていきますが、あまりきつく押さえるとパンにへこみがついてしまうので、やさしくそっと手を添える程度に。

包丁は、なるべく寝かせて角度を浅く、根元から引くように切るとよいでしょう。

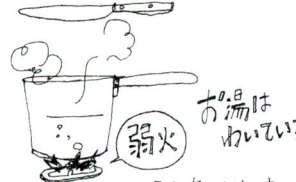

お湯はわいている状態。

包丁はあたためると切りやすい。

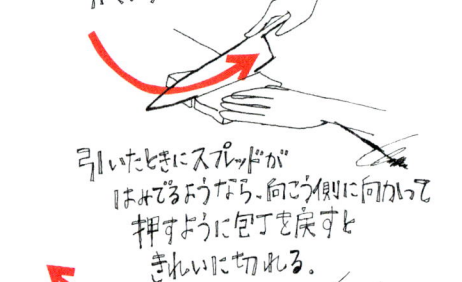

包丁は手前に引くように切る。

引いたときにスプレッドがはみでるようなら、向こう側に向かって押すように包丁を戻すときれいに切れる。

まな板ぎりぎりにパンを置くと押して切りやすい。

小さく切るときは包丁の両側にそっと手を添えて..

この本の使い方

大さじは15㎖　小さじは5㎖　1カップは200㎖
バターは特に表記がないものは塩分不使用。
レモンは国産の無農薬、ノーワックス、防腐剤不使用のものを使用しています。
オリーブ油はエクストラヴァージンオリーブオイルを使用しています。
卵はMサイズを使用しています。
生クリームは乳脂肪分36%のものを使用していますが、お好みで。
保存瓶・密閉容器などは煮沸消毒したものを使用しています。
※食パンのサンドイッチのレシピは、2枚1組で作る分量に統一しています。写真の分量とは異なる場合もあります。

パプリカやかぼちゃなど、いつもの野菜がスプレッドに生まれ変わります。鮭やうにもワインにぴったりのスプレッドに大変身。Part1では、我が家の飲み会でもたびたび登場する、定番スプレッドが主役の6種類のティーサンドイッチと楽しいロールサンドをご紹介します。

スプレッドが主役の
ティーサンドイッチ

Part 1

かぼちゃのサンドイッチ

わたしの絵にもよく登場する
黄色とグリーンの組み合わせ。
我が家ではおなじみのスプレッドを使った
サンドイッチです。
やさしさの中にピリッときいた玉ねぎが決め手。
柔らかいパンに挟んでどうぞ。

材料
食パン（8枚切り）……2枚
かぼちゃと枝豆のスプレッド ▶ P.15 …… 大さじ5

作り方
1　食パン1枚の片面にかぼちゃと枝豆のスプレッ
　　ドを塗り広げ、もう1枚を重ねて重しをし、
　　10分おく。
2　ミミを切り落とし、4等分して皿に盛る。

材料
食パン（10枚切り）……2枚
さやいんげん……10本
塩……適量
パプリカスプレッド ▶P.16 ……大さじ3

パプリカといんげんのサンドイッチ

いんげんは固めにゆで上げ、
シャキシャキとした歯触りを楽しみましょう。
スプレッドをすきまなくたっぷり塗ると、
切り口がきれいに仕上がります。

作り方
1 さやいんげんはまな板の上に置き、塩を
　ふって手のひらで転がして軽くすり込む。
　鍋に湯を沸かし、さやいんげんを固めに
　ゆで、冷水に取って冷まし、ペーパータ
　オルで水気を拭く。

2 食パン1枚の片面に、パプリカスプレッ
　ド半量を塗り広げ、1を並べる。残りのス
　プレッドをさやいんげんのすきまを埋め
　ながら全体に塗り、もう1枚の食パンを
　重ねる。

3 重しをして20分おき、ミミを切り落とし
　て4等分し、皿に盛る。

材料

食パン（12枚切り）·····2枚

トマト（2mm厚さの輪切り）·····⅓個分

マスタードマヨネーズ ▶**P.42** ····· 大さじ½

うにバター ▶**P.18** ····· 大さじ1½

作り方

1 食パン1枚の片面にマスタードマヨネーズを塗り
広げ、もう1枚にうにバターを塗り広げる。

2 1のうにバターの上にトマトをすきまなく並べ、1の
マスタードマヨネーズのパンを重ねる。

3 重しをして15分おき、ミミを切り落として4等分
し、皿に盛る。

うにとトマトのサンドイッチ

トマトをごく薄く切って挟むのが最大のポイント。
トマト感はあまり感じられないかもしれませんが、旨みは倍増します。
逆にトマトが厚いと、うにの磯臭さが前面に出てしまうので要注意です。

アボカドと帆立のサンドイッチ

このスプレッドは母から教わった、わたしにとってはおふくろの味。
このサンドイッチをおいしく作るコツは、パンに挟んだあと冷蔵庫で
冷やすこと。柔らかいスプレッドでも切りやすくなります。

材料
食パン（8枚切り）……2枚
アボカドと帆立のカレー風味のスプレッド ▶P.19 …… 大さじ4

作り方
1 食パン1枚の片面にアボカドと帆立のカレー風味
　　スプレッドを塗り広げ、もう1枚を重ねる。ラップ
　　でぴっちり包み、冷蔵庫で30分休ませる。
2 ミミを切り落として4等分し、皿に盛る。

カリフラワーとれんこんのサンドイッチ

カリフラワーと乳製品のやさしい味わいと歯ごたえのある滋味深い野菜のハーモニー。
ここではれんこんを使いましたが、
さっとお湯に通したじゃがいものせん切りや、
薄くスライスしたゆでごぼうなどともよく合います。

材料
食パン（10枚切り）……2枚
れんこん（直径5cmのもの）……2cm
A
├ 酢……25ml
├ 塩……小さじ1
└ 水……100ml
カリフラワースプレッド ▶P.19 ……大さじ3

作り方
1 れんこんは2mm厚さの輪切りにする。小
　鍋にAを入れて沸かし、れんこんを3分
　ゆで、ざるに上げて水気をきる。粗熱が
　とれたらペーパータオルで水気を拭く。
2 食パン1枚の片面にカリフラワースプレ
　ッド半量を塗り広げ、1を並べる。残りの
　スプレッドをれんこんの穴を埋めながら
　全体に塗り、もう1枚の食パンを重ねる。
3 重しをして15分おき、ミミを切り落とし
　て対角線上に4等分し、皿に盛る。

紅鮭サンド

淡いピンク色がきれいな紅鮭のスプレッドは
我が家の定番中の定番。味わいもやさしく、
どんな場面にも合うサンドイッチです。
アフタヌーンティーでは紅茶と、
飲み会ではシャンパンや白ワインと
合わせて。

材料
食パン（10枚切り）……2枚
紅鮭スプレッド ▶P.18 ……大さじ3

作り方
1 食パン1枚の片面に紅鮭スプレッドを塗
　り広げ、もう1枚の食パンを重ね、重しを
　して15分おく。
2 ミミを切り落として4等分し、皿に盛る。

スプレッドを作ってみましょう

●材料はそれぞれ作りやすい分量です。出来上がり量は目安です、写真の分量とは異なります。

スプレッドは、「塗りもの」のこと。パンやクラッカーに塗るもののことを言います。輸入品の瓶詰でスプレッド（Spread）と書かれたものを見たことがある方もいらっしゃるのではないでしょうか。最近では、国産のものでもスプレッドという名前をよく見かけるようになりました。

主なスプレッドには、バターやマーガリンのような乳製品から作るものや、種実や豆類から作るものなどがあり、広い意味ではジャムやシロップも入ります。では、ディップとどう違うかといえば、ディップはオープンサンドにのせたり野菜につけたり、もう少しゆるい感じといえるでしょう。

この本に出てくるスプレッドは、サンドイッチに合う濃度を重視しました。あまりゆるいと挟むのに向いていませんし、時間がたつと食パンにしみてしまいます。

この本では、パンに挟んでおいしい朝倉流のスプレッドを52点紹介します。

スプレッドの主な作り方は、ボウル状の用具の中で「混ぜ合わせる」だけの簡単な方法と、野菜や肉・魚などの食材を「木べらなどでつぶす」「ブレンダーなどの器具で混ぜる」「すり鉢＋すりこぎでする」という4つの方法です。以下にその例をあげましたので、参考にしてください。この本に出てくるスプレッド・レシピは、それぞれ適した方法で作り方を明記してありますが、どの方法で作らなければならないということはありません。なめらかさや、つぶつぶ感の有無など、お好みに合わせて自由に作っていただければ、と思います。

1. 材料を混ぜて作る

バターやマヨネーズ、ヨーグルトがベースの基本のスプレッドは、ボウルに材料を入れてスプーンやへらで混ぜるだけ。とても簡単に作れます。とくにバターは常温にもどし、柔らかくしてから使いましょう。常温ならバターが簡単にクリーム状になり、ほかの材料とも混ざりやすくなります。

ヨーグルトウスタースプレッド
スプレッドレシピ ▶ P.47

レモンバター
スプレッドレシピ ▶ P.41

2. 材料をつぶして作る

ゆでた野菜などを木べらやスプーンでつぶす方法です。主な素材は、かぼちゃやじゃがいもなど。
少しでもゴロゴロした素材の食感を残したいときにはこの方法で。
逆になめらかにしたい場合はマッシャーを使います。

● かぼちゃと枝豆のスプレッド　　サンドイッチレシピ▶P.8

玉ねぎの量が多いと思われるかもしれませんが、塩水につけて柔らかくすることで甘みが感じられ、
この量の必要性がわかるでしょう。たくさん作ってかぼちゃサラダにも。

材料（約大さじ16½分）
かぼちゃ（種と皮を除き、一口大に切る）……250g
玉ねぎ（薄切り）……80g
枝豆（冷凍）……20さや
マヨネーズ……大さじ3
塩・黒こしょう……各適量

1

玉ねぎは2.5%の塩水に20分さらす。

★玉ねぎの水分が少し抜けて柔らかくなる。またほどよい塩味がつく。

2

ざるに上げて流水でさっと洗い、水気をきってペーパータオルで2回水分を絞る。枝豆は湯通しして解凍し、さやから出して薄皮をむく。

★ペーパータオルは途中で2～3回替えるとしっかり絞れる。

3

鍋にかぼちゃを入れ、水をひたひたに加えて強火にかける。沸いたら中火にし、竹串がすっと入る程度に柔らかく煮る。ざるに上げて水気をきり、鍋に戻して弱火にかけ、鍋をゆすって水分をとばす。

★粉を吹いたら水分がとんだ証拠。

4

3を木べらで粗くつぶし、2の玉ねぎ、マヨネーズを加えて混ぜる。

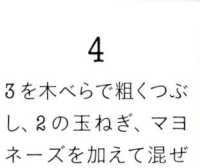

5

2の枝豆を加えて軽く混ぜる。塩で味をととのえ、黒こしょうを加えて軽く混ぜる。

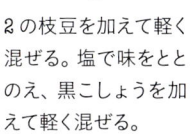

日持ち ● 約5日間

●日持ちはすべて煮沸消毒した密閉容器に入れ、冷蔵庫保存の場合です。

3. ブレンダーなどを使う

ブレンダーやフードプロセッサーを使えば、
手軽にスプレッドを作ることができます。
マヨネーズなど液状の材料を使ったスプレッドは、ブレンダーでもとてもなめらかになります。
野菜など繊維質のものはなめらかになりにくく、つぶつぶ感が残ることもあります。

● パプリカスプレッド

サンドイッチレシピ ▶ P.9、34

野菜や卵のほか、モッツァレッラチーズなど、
どんな具材のサンドイッチにも合う万能スプレッド。
余ったらパスタソースにもおススメです。

材料（約大さじ5分）

A ┬ 赤パプリカ（2cm角に切る）……1個分
　├ 玉ねぎ（2cm角に切る）……80g
　└ にんにく（粗みじん切り）……大1片分

B ┬ 白ワイン……50ml
　└ 水……100ml

C ┬ 鶏がらスープの素……大さじ½
　└ 水……50ml

トマトペースト……大さじ1
オリーブ油……大さじ1

1

厚手の鍋にオリーブ油を
入れて熱し、Aを中火で炒
めて油をからめ、Bを加え
てひと煮立ちさせる。

2

Cを合わせて溶き、1に加
えて弱火にする。トマトペ
ーストを加えてひと混ぜ
し、蓋をずらしてのせ、約
40分煮る。

★鍋によって加熱時間は変
わる。ときどき状態をみて、
水分がなければ少し水を足
す。

日持ち ● 約5日間

3

蓋を取り、水分が残ってい
れば中火にして木べらで混
ぜながらとばし、火を止めて
粗熱をとる。

4

ブレンダーなどでなめらか
なペースト状にして鍋に戻
し入れ、弱火～中火で5分
くらいへらで混ぜながら煮
詰める。

鍋に入れたまま、ハンディ
ブレンダーでつぶして
なめらかにしてもよい。

4. すり鉢を使ってすりつぶす

この方法が、スプレッド作りには一番万能です。
すりつぶすと素材の香りがよく出るので、ハーブを使うときには特におすすめ。
ハムや豆腐、なすなど柔らかいものは、きれいなペーストに仕上がります。

● パクチーミントスプレッド

サンドイッチレシピ ▶ P.70、84

ミントとパクチーの組み合わせが絶妙なハーモニー。
鶏肉やラムなど肉が具材のサンドイッチのほか、
にんにくでソテーしたなすを合わせても
おいしいサンドイッチになります。

材料（約大さじ3½分）

A ┌ 香菜（1cm長さに切る）……2株分
  │ ミント*¹の葉……ひとつかみ
  │ 赤唐辛子（種を除いて粗みじん切り）
  └   ……½〜1本分

B ┌ レモン汁……大さじ½
  └ オリーブ油……大さじ1

マスタード*²……大さじ1
塩……少量

*1　やわらかい香りの
スペアミントがおすすめ。

*2　辛みがおだやかな
仏・ブルゴーニュ地方の
ディジョンのものがおすすめ。
▶P.95

パクチーはタイ語、スーパーなどでは香菜（シャンツァイ）という名前で売られている。中国語ではシャンサイ、英語ではコリアンダー。

1
すり鉢にAを入れる。

2
すりこぎで叩いて香菜の茎をつぶし、Bを加えて全体にする。

★完全にすりきらず、茎が少し残る状態でよい。

3
マスタードを加えて混ぜ、塩で味をととのえる。

日持ち ● 約2日間

P.10 ～ 13 のスプレッドレシピ

● 紅鮭スプレッド　サンドイッチレシピ ▶ P.12

間違いなくおいしい王道スプレッド。
ゼラチンを入れて少しもったりさせています。
ゼラチンの量を倍にして冷やし固めれば、
テリーヌにもなります。

材料（約大さじ12½分）
紅鮭（甘塩。切り身）*····· 1切れ（正味80g）
玉ねぎ（粗みじん切り）····· 大さじ2½
　　┌ ディル（葉のみ）····· 4～5枝分
　　│ マヨネーズ····· 大さじ6
　A │ 白ワイン····· 大さじ½
　　│ レモン汁····· 小さじ1
　　└ 生クリーム····· 40mℓ
粉ゼラチン····· 2.5g
塩・こしょう····· 各適量
＊缶詰でも可。骨と皮は取り除く。

作り方

1 紅鮭は魚焼き網で両面をこんがり焼き、骨
　と皮を除く。
2 玉ねぎは1％の塩水に5分さらしてざるに上
　げて水気をきり、ペーパータオルで2回水
　分を絞る。
3 粉ゼラチンは25mℓ（分量外）の水にふり入
　れてふやかす。
4 ブレンダーなどに1、2、Aを入れて鮭が粗く
　残る程度に攪拌する。塩、こしょうで味をと
　とのえ、3を加えてゼラチンが混ざる程度に
　軽く攪拌する。
5 保存容器に4を流し込み、冷蔵庫で約1時
　間冷やしてとろりとさせる。

日持ち ● 約5日間

● うにバター　サンドイッチレシピ ▶ P.10

ちょっと値段が張りますが、その分、
おいしさはお墨付き。
シャンパンや白ワインにぴったりなので、
アペリティフとしてパーティの
スターターにもぜひどうぞ！

材料（約大さじ4分）
バター（常温にもどす）····· 大さじ2
塩うに（瓶詰）*····· 大さじ2
玉ねぎ（すりおろし）····· 小さじ½
にんにく（すりおろし）····· 小さじ¼
＊アルコールが強い場合は量を控える。
生うにを使用するときは、塩ひとつまみを加える。

作り方
ボウルにバターを入れてクリーム状に練り、残
りの材料を加えて均一に混ぜる。

日持ち ● 約2日間

● アボカドと帆立のカレー風味のスプレッド サンドイッチレシピ▶P.10

柔らかいスプレッドなので
オーブンサンドにも向いています。
また、溶けるチーズとパン粉をかけて
オーブンで焼けば、おいしいグラタンになります。

材料（約大さじ8½分）
アボカド ····· ½個
帆立貝柱（缶詰）····· 30g
A ┌ マッシュルーム（薄切り）····· 2個分
　├ カレー粉 ····· 小さじ½
　└ オリーブ油 ····· 小さじ1
レモン汁 ····· 大さじ½
マヨネーズ ····· 大さじ2
塩・黒こしょう ····· 各適量

作り方
1　フライパンにAを入れて中火にかける。香り
　が立ったら弱火にし、マッシュルームがカレ
　ー色になったら火を止めて冷ます。
2　ボウルにアボカドを入れてフォークで粗くつ
　ぶし、レモン汁を回しかける。帆立貝柱、1、
　マヨネーズを加えてよく混ぜる。塩、黒こし
　ょうで味をととのえる。

日持ち ● 当日のみ

● カリフラワースプレッド
サンドイッチレシピ▶P.12

やさしい味わいが人気のスプレッド。
残ったら水と牛乳半々でのばして、
塩、こしょうで味をととのえれば
サンドイッチにもぴったりのスープになります。

材料（約大さじ9分）
A ┌ カリフラワー（小房に分ける）····· 110g
　├ 玉ねぎ（粗みじん切り）····· 40g
　├ バター ····· 大さじ1
　└ レモン（端の切り落とす部分）····· 適量
生クリーム ····· 50mℓ
マスカルポーネチーズ ····· 25g
塩 ····· 少量
こしょう ····· 軽くひとふり

作り方
1　鍋にAを入れ、水をひたひたに加えて中火に
　かける。煮立ったらひと混ぜし、弱火にして
　レモンを取り出す。約15分、水分がなくなる
　まで煮詰め、塩、こしょうで味をととのえる。
2　ブレンダーなどに生クリーム、粗熱をとった
　1、マスカルポーネチーズを入れてなめらか
　なペースト状にする。

日持ち ● 約5日間

スプレッド + 野菜スティックで

簡単！ 野菜巻きロールサンド

スプレッドは、ロールサンドにとても向いています。
この本で紹介したほとんどのスプレッドでロールサンドが作れます。
スティック状の野菜を芯にして、ラップを使ってくるくるっと巻いていくだけ。
きれいなペーパーで巻けば、パーティなどの手土産や、ピクニックに持っていく楽しい一品に。
12枚切りなどの薄めの食パンを使います。

● コーンスプレッド

ありそうでなかったコーンのスプレッドです。
ポイントはコーンをバターで焦げ目がつくくらいしっかり炒めること。
焼くことで香ばしさが広がります。

材料（約大さじ3分）
コーン（缶詰。汁気をきったもの）……60g
バター……小さじ2
マスカルポーネチーズ……大さじ1
フレンチドレッシング……大さじ1

作り方
1　フライパンにバター、コーンを入れて中火に
　かけ、焼き色がつくまで炒める。
2　ブレンダーなどに1、残りの材料を入れ、コ
　ーンの粒が少し残る程度に攪拌する。
　　　　　　　　日持ち ● 約5日間

● ハムスプレッド

ハムのかたまりが残ってしまったときなどにぜひ作ってみてください。
チーズと合わせたサンドイッチにしてもおいしくいただけます。

材料（約大さじ5分）
ショルダーハム（2cm角に切る）……80g
玉ねぎ（薄切り）……25g
サワークリーム……大さじ1
生クリーム……大さじ½
レモン汁……小さじ1
塩・黒こしょう……各適量

作り方
1　玉ねぎは1％の塩水に20分さらし、水洗いし
　た後、ざるに上げて水気をきり、ペーパータ
　オルで2回水分を絞る。
2　ブレンダーなどに1を入れ、塩、黒こしょう以
　外の材料を加えて、少しつぶつぶが残るくらい
　に攪拌する。塩、黒こしょうで味をととのえる。
　　　　　　　　日持ち ● 約5日間

● ふきのとうとグリーンピースのスプレッド

瓶詰を使えば一年中どこでも春の味わいをいただくことができます。
ほろ苦さがどんなお酒にも合う、大人味のスプレッドです。

材料（約大さじ3分）
グリーンピース（冷凍）……35g
A ┌ ふきのとうの佃煮（瓶詰）▶P.95……20g
  │ バター（常温にもどす）…… 大さじ1
  └ オリーブ油…… 大さじ1
レモン汁…… 大さじ½
塩…… 適量

作り方

1 グリーンピースは湯通しして解凍し、水気を拭く。
2 ブレンダーなどに1、Aを入れて攪拌し、少し粒が残るくらいのペースト状にする。レモン汁を加えて混ぜ、塩で味をととのえる。

日持ち ● 約5日間

● バジルみそ

バターをオリーブ油に替えて攪拌すれば
「洋風酢みそ」風な和え衣になります。
ゆでたブロッコリーや筍、プチトマト、また
ホタルイカなどの魚介類と和えてみてください。

材料（約大さじ2分）
バジルの葉……2枝分（12〜13枚）
練りわさび…… 小さじ1
みそ（好みのもの）…… 小さじ1
バター（常温にもどす）…… 大さじ1
レモン汁…… 小さじ1

作り方

すり鉢にバジルの葉をちぎり入れ、残りの材料を加えてバジルの葉が細かくなるまでする。

日持ち ● 約5日間

野菜巻きロールサンドの作り方

1

食パン1枚（12枚切り）のミミを切り落とす。巻き終わりの1辺に斜めに包丁を入れて切る。

斜めにCUT!

2

1の斜めの部分にマヨネーズを塗る。

＊巻き終わりがきれいにつくようのりの役目をはたす。バターでも可。

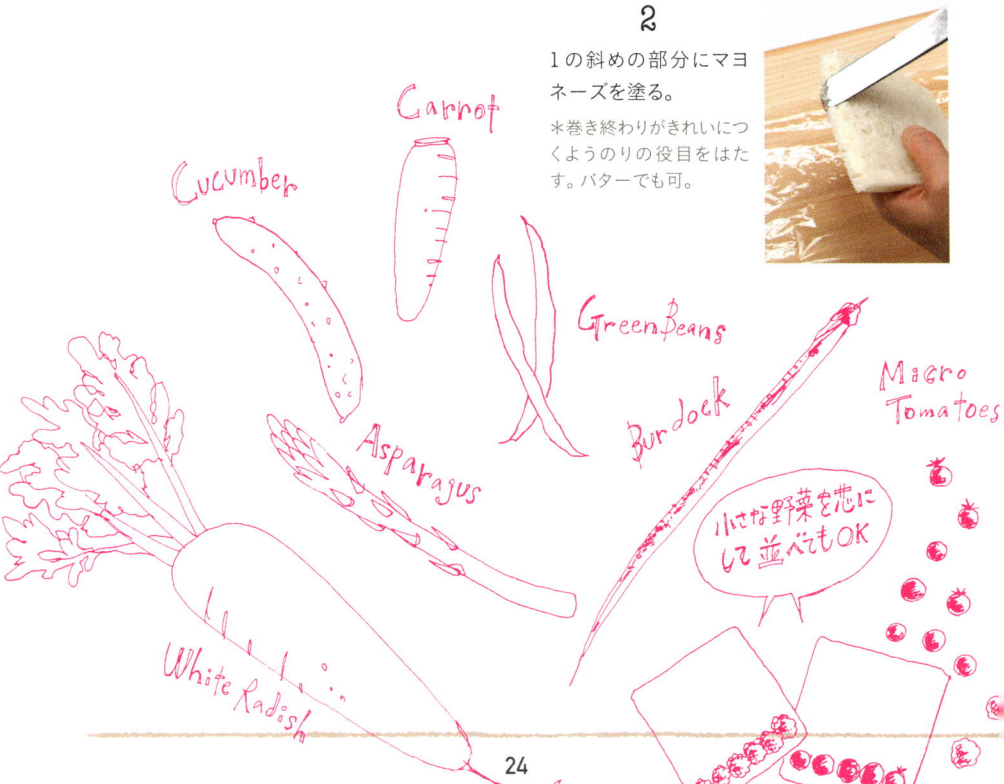

Carrot

Cucumber

GreenBeans

Burdock

Micro Tomatoes

Asparagus

小さな野菜を恋にして並べてもOK

White Radish

3

巻き終わりが向こう側になるようにラップにのせ、スプレッドを塗り広げる。巻き始めになる辺は端まできっちりと、3辺は端へいくほど薄く塗る。

4

ラップと食パンをまな板の端にきっちり揃え、スティック野菜を巻き始めにのせる。

5

スティック野菜を芯にして、両手でラップごと持ち上げて巻き始める。

6

ラップを引き上げながら、パンを転がして巻く。きつすぎず、ゆるすぎないように。

ラップを引きあげると自然に巻けていく

7

巻ききったらラップでぴっちり包み、両端をねじって止め、巻き終わりを下にして10分おく。

Broccoli

Celery

いろいろな野菜を巻いてけましょう！

サンドイッチでパーティ!

我が家での友人を招いての飲み会にサンドイッチは欠かせません。

スターターとして、または〆として、2〜3種類登場することもありますし、「今日はサンドイッチパーティ!」とはじめから終わりまで10種類以上のサンドイッチやロールサンドでおもてなしすることもあります。

サンドイッチパーティのいいところは、あらかじめ作っておけるので、ホストが台所を行き来することなく席についていられることや、お腹が空いているひとはどんどん食べ、お酒を楽しみたいひとは一口のつまみにして、それぞれのペースで楽しむことができることです。

たくさん作って、お土産に持って帰っていただくこともあります。

わたしは飲み会のとき、サンドイッチをひとつずつラップで包んでお出ししていますが、そうすることでパサパサになることもなく、余ってもそのまま冷蔵庫に入れておけば、次の日にはサンドイッチがしっとりしてまた違った味わいが生まれ、二度楽しむことができます。

友人たちとの飲み会や女子会はもとより、ママ友のランチ会でも、サンドイッチとワインがあれば、幸せな時間を過ごすことができます。

そして、そんな席にはぜひ温かいスープを用意しておくことをおススメします。クリームスープでもミネストローネでもなんでもかまいません。前日に作れるのでこちらも温めるだけで手間いらず。一品の温かい料理で、サンドイッチのおいしさはさらに引き立つことでしょう。

きゅうり、卵、ツナ、ハムなどの定番サンドイッチも、山椒や黒オリーブ入りのスプレッドと合わせて、いつもとひと味違うおいしさを楽しみましょう。下地と具材、2種類のスプレッドのダブル使いも絶妙なハーモニーを作りだします。

定番の素材も
スプレッドで
さらにおいしく

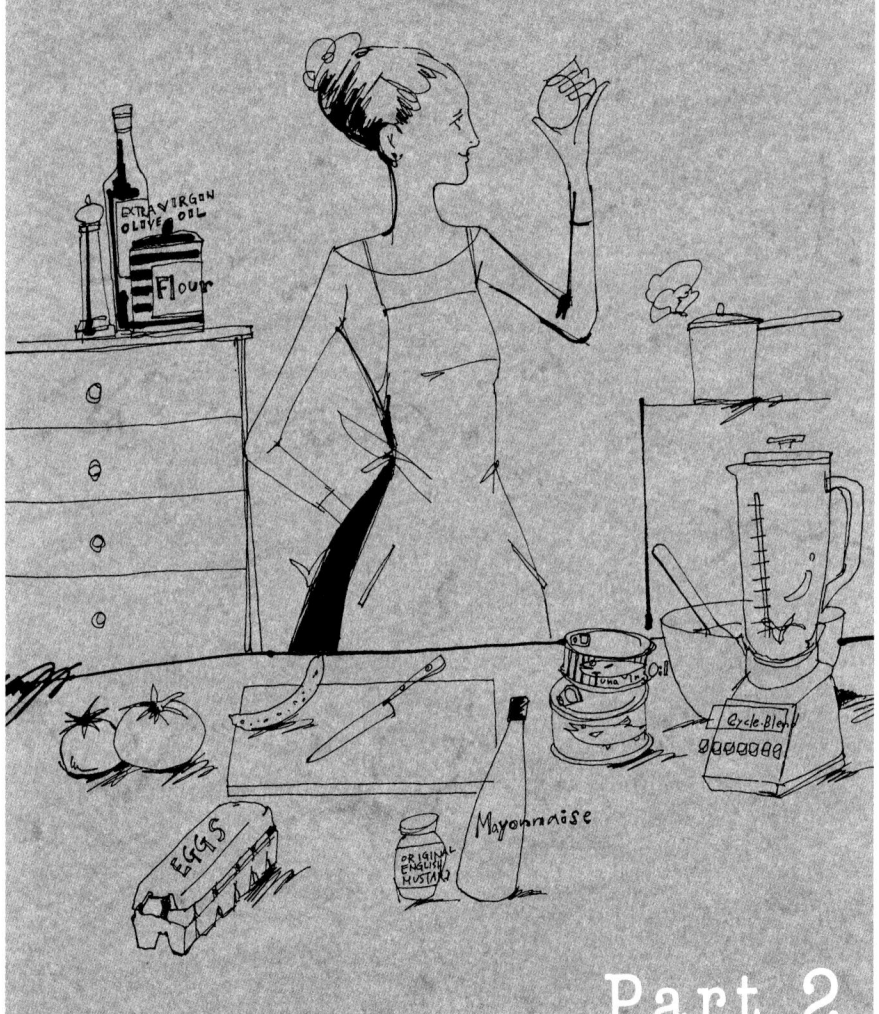

Part 2

ごま風味のきゅうりサンド

家庭でこそ作りたいシンプルなきゅうりのサンドイッチ。
おいしく作るコツはとにかく野菜の水気をきることです。
水気をきることで、スプレッドの風味も際立ちます。

材料
食パン（12枚切り）……2枚
きゅうり（2mm厚さの縦切り）……½本分
みょうが（せん切り）……1個分
辛子バター ▶P.40 …… 大さじ½
ごまマヨネーズ ▶P.42 …… 大さじ1

作り方
1 食パン2枚のそれぞれ片面に辛子バターを半量ずつ塗り広げ、そのうちの1枚にごまマヨネーズを塗り重ねる。

2 1のごまマヨネーズを塗った面に、ペーパータオルで水気を拭いたきゅうりとみょうがを、順に重ねて均一に並べる。もう1枚の食パンを重ね、重しをして15分おく。

3 ミミを切り落として4等分し、皿に盛る。

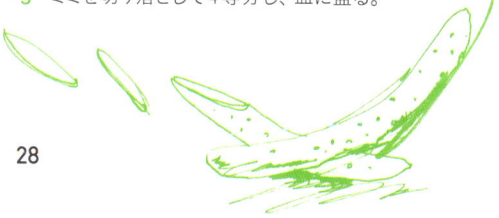

梅マヨきゅうりサンド

きゅうりサンドは12枚切りのパンで作りましょう。
薄いパンと薄く切ったきゅうりのバランスで、おいしさが
決まります。ほのかな梅の香りで上品な味わいに。

材料

食パン（12枚切り）……2枚
きゅうり（2mm厚さの斜め切り）……½本分
青じそ（軸を除く）……3〜5枚
わさびバター ▶ **P.40** …… 大さじ½
梅マヨネーズ ▶ **P.42** …… 大さじ1

作り方

1 食パン2枚のそれぞれ片面にわさびバターを塗り
広げる。

2 1の1枚に梅マヨネーズを塗り重ね、ペーパータ
オルで水気を拭いたきゅうりをすきまなく並べる。
もう1枚のわさびバターの面に青じそをのせ、き
ゅうりの上に重ねる。

3 重しをして15分おき、ミミを切り落として4等分
し、皿に盛る。

ジューシーハムサンド

コンビニでしか見かけないけれど、どのコンビニでも
目にする「ジューシーハムサンド」を家でも作ってみました。
柔らかいハムとマヨネーズは最強の組み合わせです。

材料

食パン（10枚切り）……2枚
シュゼットハム*……5〜6枚
きゅうり（1mm厚さの斜め切り）……½本分
玉ねぎ（薄切り）……3〜4枚
辛子バター ▶P.40 ……大さじ½
ピクルスマヨネーズ ▶P.43 ……大さじ1½

＊極薄切りのハム。薄切りでも可。

作り方

1 玉ねぎは2.5%の塩水に5分さらし、水洗いした後、ざるに上げて水気をきり、ペーパータオルで2回水分を絞る。

2 食パン2枚のそれぞれ片面に辛子バターを半量ずつ塗り広げ、ピクルスマヨネーズを半量ずつ塗り重ねる。

3 2の1枚のピクルスマヨネーズの上に、ペーパータオルで水気を拭いたきゅうりをすきまなく並べ、ハム、1の順に重ねる。2のもう1枚をのせる。

4 重しをして10分おき、ミミを切り落として4等分し、皿に盛る。

レタスたっぷり ハムサンド

一時流行った50度洗いはもちろん、冷水につけるだけでも
レタスはぱりっと、みずみずしくなります。
水気をしっかり取り除いてからレタスを重ねましょう。

材料

食パン（10枚切り）……2枚
ロースハム……2枚
レタス……5〜6枚
辛子バター ▶ **P.40** …… 大さじ½
ミックスペッパーマヨネーズ ▶ **P.42** …… 大さじ2

作り方

1 レタスは冷水に5分浸し、ペーパータオルで
　水気をしっかり拭きながら平らにのばす。

2 食パン2枚のそれぞれ片面に辛子バターを
　半量ずつ塗り広げ、ミックスペッパーマヨネー
　ズを半量ずつ塗り重ねる。

3 **2**の1枚にハム、**1**を順に重ね、**2**のもう1枚を
　重ねる。

4 重しをして20分おき、ミミを切り落として対
　角線上に2等分し、皿に盛る。

スモークサーモンといくらのサンドイッチ

切り落としのスモークサーモンでも、
いくらと合わせて
上等なスプレッドが出来上がりました。
スプレッドはたっぷり塗って
贅沢気分を味わいましょう。

材料
食パン（10枚切り）……2枚
辛子バター ▶P.40 ……大さじ½
スモークサーモンといくらのスプレッド ▶P.49
　……大さじ3½

作り方
1　食パン2枚のそれぞれ片面に辛子バターを半量ずつ塗り広げる。
2　1の1枚にスモークサーモンといくらのスプレッドを塗り重ね、もう1枚のパンを重ねる。
3　重しをして15分おき、ミミを切り落として対角線上に4等分し、皿に盛る。

スモークサーモンサンドイッチ

スモークサーモン＋ディルバターと、
さわやかな辛みのホースラディッシュが
無敵のコンビネーション。
ピクルスと合わせて、さらに大人味に。

材料

食パン（10枚切り）……2枚
スモークサーモン（薄切り）……5〜6枚
きゅうりのピクルス*（縦半分に切る）……6本分
ディルバター ▶P.40 ……大さじ1
ホースラディッシュとクリームチーズ ▶P.46
　　……大さじ1½

*コルニッションと呼ばれる
ミニきゅうりのピクルス。
スーパーなどに瓶詰が売られている。▶P.94

作り方

1 食パン2枚のそれぞれ片面にディルバター
を半量ずつ塗り広げる。

2 1の1枚にホースラディッシュとクリームチ
ーズを塗り重ねる。スモークサーモン、ペ
ーパータオルで汁気を拭いたきゅうりのピ
クルスを順に重ね並べる。

3 1のもう1枚を重ね、重しをして10分おく。
ミミを切り落として縦3等分し、皿に盛る。

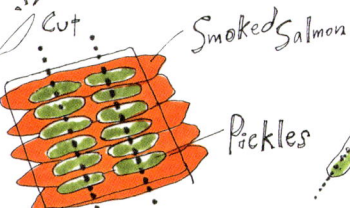

厚焼き卵の
サンドイッチ

パンより分厚い卵焼きを挟むので、丸ごとの黒オリーブも
強すぎることなくいいアクセントに。パンはラップで
包むと少しつぶれるので、8枚切りを使いましょう。

材料

食パン（8枚切り）……2枚
卵……3個
黒オリーブ（種なし）*……3個

A ┌ 生クリーム（牛乳でも可）……大さじ1
　└ 塩・こしょう……各適量

オリーブ油……適量
パプリカスプレッド ▶P.16……大さじ2

＊缶詰の黒オリーブの扱いはP.48参照。

作り方

1　ボウルに卵をときほぐし、Aを加えてよく混ぜる。

2　小さいフライパンにオリーブ油を入れて熱し、1
　を流し込んで厚焼き卵を作る。冷めたら厚みを
　半分に切る。

3　食パン2枚のそれぞれ片面にパプリカスプレッ
　ドを半量ずつ塗り広げる。

4　3の1枚に2を1枚重ね、中央に黒オリーブを
　1列に並べ、残りの2と3のもう1枚を順に重ね
　る。ラップでぴっちり包んで20分おく。

5　ミミを切り落とし、黒オリーブが切り口に1列
　に見えるように2等分し、皿に盛る。

山椒風味の
ゆで卵サンドイッチ

山椒がピリリときいた刺激的な卵サンドです。
山椒の香りを最大限に味わうために、あえて玉ねぎや
ほかの薬味を一切使わない潔さが決め手です。

材料
食パン（10枚切り）·····2枚
山椒の葉（パセリのみじん切りでも可）····· 適量
辛子バター ▶P.40 ····· 大さじ½
山椒風味の卵スプレッド ▶P.46 ····· 大さじ3〜4

作り方
1 食パン2枚のそれぞれ片面に辛子バターを半量ずつ
   塗り広げる。
2 1の1枚に山椒風味の卵スプレッドを塗り重ね、山椒
   の葉を粗くちぎりながら散らし、もう1枚を重ねる。
3 重しをして15分おき、ミミを切り落として対角線上に
   4等分し、皿に盛る。

黒オリーブとツナのサンドイッチ

材料

食パン（10枚切り）……2枚

トマト（薄切り）……⅓個分

辛子バター ▶P.40 …… 大さじ½

黒オリーブとツナのスプレッド ▶P.48 …… 大さじ3

作り方

1　食パン2枚のそれぞれ片面に辛子バターを半量ずつ塗り広げる。

2　1の1枚に黒オリーブとツナのスプレッドを塗り重ね、トマトをすきまなく並べる。もう1枚を重ねて重しをし、10分おく。

3　ミミを切り落として3等分し、皿に盛る。

ツナ＋トマトと黒オリーブのスプレッドで
気分はイタリアン。
赤ワインにもよく合います。
味や香りにパンチがあるので
雑穀入りのパンやライ麦パンに挟んでも。

レモン風味のツナサンド

マヨネーズベースのスプレッドですが
レモンがたっぷり入っているので
さっぱりしたサンドイッチです。
白ワインにはこちらをどうぞ。

材料

食パン（10枚切り）……2枚

辛子バター ▶P.40 …… 大さじ½

レモン風味のツナスプレッド ▶P.48 …… 大さじ3

作り方

1 食パン2枚のそれぞれ片面に辛子バターを
半量ずつ塗り広げる。

2 1の1枚にレモン風味のツナスプレッドを塗り
重ね、もう1枚を重ねる。

3 重しをして15分おき、ミミを切り落として4
等分し、皿に盛る。

たらこと桜えびの
ポテトサンド

ポテトスプレッドのサンドイッチは
手でポテトサラダをつまむ感覚でいただきます。
パンより厚く塗ってポテトの味わいを楽しみましょう。

材料

食パン（8枚切り）……2枚

辛子バター ▶**P.40**……大さじ½

たらこと桜えびのポテトスプレッド ▶**P.43**……大さじ4〜5

作り方

1 食パン2枚のそれぞれ片面に辛子バターを半量ずつ
　塗り広げる。

2 1の1枚にたらこと桜えびのポテトスプレッドを塗り重
　ね、もう1枚を重ねる。

3 重しをして15分おき、ミミを切り落として4等分し、皿
　に盛る。

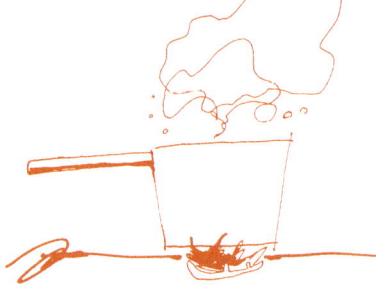

ビーツとポテトの
サラダサンド

ちょっと驚きのルビー色をしたこのサンドイッチは、見た目より
ずっとやさしい味わいです。ビーツは色移りしやすいので、
切るとき、パンに色がつかないように注意してください。

材料

食パン（8枚切り）……2枚

ディルバター ▶**P.40** ……大さじ1

ビーツとポテトのスプレッド ▶**P.44** ……大さじ4〜5

作り方

1 食パン2枚のそれぞれ片面にディルバターを半量ず
つ塗り広げる。

2 1の1枚にビーツとポテトのスプレッドを重ねのせ、も
う1枚を重ねる。重しをして15分おく。

3 ミミを切り落として縦3等分し、皿に盛る。

スプレッドレシピ

自家製のスプレッドを作ってみると、そのおいしさに気づくことでしょう。
さまざまな素材を生かして作るスプレッドは、ひとつひとつの味に個性があります。
スプレッドのダブル使いや、スプレッドとお好みの食材を組み合わせることも
上級の楽しみ。スプレッドを使って自分好みのサンドイッチを作ってみてください。

●材料はそれぞれ作りやすい分量です。写真の分量とは異なります。出来上がり量は目安です。
●日持ちはすべて煮沸消毒した密閉容器に入れ、冷蔵庫保存の場合です。

バターのスプレッドは、残った分を使うときは、
また常温にもどして使います。

バターのスプレッド

辛子バター

▶P.28.30.31.32.35.36.37.38.
56.62.66.84.90

下地スプレッドの王道といえば
この辛子バターです。
練り辛子を使って
しっかり辛みをきかせましょう。

材料(約大さじ2分)
バター(常温にもどす)‥‥ 大さじ2
練り辛子‥‥ 大さじ½
作り方
ボウルにバターを入れてクリーム状に練
り、練り辛子を加えて均一に混ぜる。

日持ち●約5日間

材料(約大さじ2分)
バター(常温にもどす)‥‥ 大さじ2
練りわさび‥‥ 大さじ½
作り方
ボウルにバターを入れてクリーム状
に練り、練りわさびを加えて均一に
混ぜる。

日持ち●約5日間

わさびバター

▶P.29.54

サンドイッチには欠かせない
辛みのきいた下地スプレッド。
辛子バターとはひと味違う
さわやかな辛みが新鮮。
サーモンなど魚介にもよく合います。

ディルバター

▶P.33.39

ハーブを練り込んだ
香り高いバターです。
ここではディルを使っていますが、
タイム、ローズマリー、
チャービルなどいろいろなハーブで
試してみてください。

材料(約大さじ1分)
バター(常温にもどす)‥‥ 大さじ1
ディル(葉のみ)‥‥2枝分
作り方
ボウルにバターを入れてクリーム状に練
り、ディルを加えて均一に混ぜる。

日持ち●約5日間

レモンバター

▶P.64.68.70.72.73.74.75.80

バターの中では辛子の次に
登場頻度の高いスプレッド。
レモンのさわやかな酸味と香りは、
おかず系のサンドイッチ
のみならずスイーツサンドにも
ぴったりの万能選手です。

材料（約大さじ2½分）
バター（常温にもどす）……大さじ2
レモン汁……大さじ½
レモンの皮（すりおろし）……約1個分
作り方
ボウルにバターを入れてクリーム状に練
り、残りの材料を加えて均一に混ぜる。

　　　　　　　　　　日持ち●約5日間

材料（約大さじ2½分）
バター（常温にもどす）……大さじ2
しょうが（すりおろし）……大さじ½
作り方
ボウルにバターを入れてクリーム
状に練り、しょうがを加えて均一
に混ぜる。

　　　　日持ち●約3日間

ジンジャーバター

▶P.60

ふだん辛子バターを使う
ラペサンドも、しょうがのきいた
バターでさわやかな一品に。
しょうゆ味で炒めた豚肉を挟めば、
しょうが焼きサンドにもなります。

ミックスペッパーバター

▶P.82

いろいろな色の
こしょうが組み合わさって
深みのある辛さに。
刺激の強い香りと味わいが、
臭みを和らげる効果もあるので、
魚介や肉のサンドイッチに向いています。

材料（約大さじ2分）
バター（常温にもどす）……大さじ2
ミックスペッパー（ホール）＊……大さじ½
＊黒、白、赤、緑などのこしょうが混ざったも
の。手に入らなければこしょう（黒、白）でも
よいが、挽き立てを。▶P.94
作り方
ボウルにバターを入れてクリーム状に練
り、ミックスペッパーを挽いて加え、均
一に混ぜる。

　　　　　　　　　　日持ち●約5日間

材料（約大さじ2½分）
バター（常温にもどす）……大さじ2
スイートチリソース▶P.95……大さじ1
作り方
ボウルにバターを入れてクリーム
状に練り、スイートチリソースを
加えて均一に混ぜる。

　　　　日持ち●約5日間

スイートチリバター

▶P.92

市販のスイートチリソースを
混ぜるだけの簡単レシピですが、
それだけでアジアンな
サンドイッチの出来上がり。
具材に香菜を合わせれば、
さらに本場の味に近づきます。

マスタードマヨネーズ

▶P.10.54.56.68.82

辛子バターと並んで、
どんなサンドイッチにも合う
テッパンスプレッド。
マスタードは練り辛子よりも
辛みがおだやかなので、
マヨネーズと同量にします。

材料（約大さじ4分）
マヨネーズ …… 大さじ2
マスタード* …… 大さじ2
＊辛みがおだやかな仏・ブルゴーニュ地方
のディジョンのものがおすすめ。▶P.95

作り方
ボウルにすべての材料を入れ、均一に
混ぜる。　　　　**日持ち**●約2日間

ごまマヨネーズ

▶P.28

和洋中なんにでも合うスプレッド。
きゅうりやレタスといった
シンプルな野菜だけでも、
コクと香ばしさがプラスされて、
満足感のある
サンドイッチになります。

材料（約大さじ1½分）
白練りごま …… 小さじ1
A [マヨネーズ …… 大さじ1
　 レモン汁 …… 小さじ1
白煎りごま …… 小さじ½
ラー油 …… 少量

作り方
ボウルに白練りごまを入れ、Aを加えて
溶き混ぜ、残りの材料を加えて均一に
混ぜる。　　　　**日持ち**●約2日間

梅マヨネーズ　　▶P.29

だれもが好きな梅マヨに
カリカリ梅を加えて
食感も楽しいものに。
梅干しによって塩加減が違うので、
梅肉の量は味をみながら調節してください。

材料（約大さじ4分）
梅肉 …… 大さじ1
マヨネーズ …… 大さじ2
カリカリ梅（細かく刻む）……6個分

作り方
ボウルにすべての材料を入れ、均一に
混ぜる。　　　　**日持ち**●約2日間

ミックスペッパーマヨネーズ

▶P.31.62

材料（約大さじ2分）
ミックスペッパー（ホール）*
　　……大さじ½
マヨネーズ……大さじ2

＊黒、白、赤、緑などのこしょうが
混ざったもの。それぞれの風味
が重なり、豊かな香りを醸す。手
に入らなければこしょう（黒、白）
でもよいが、挽き立てを。▶P.94

作り方
1. ミックスペッパーはペー
パータオルに包み、すりこぎ
などで細かく砕く。
2. ボウルに1とマヨネーズを
入れ、均一に混ぜる。
　　　　日持ち●約2日間

ミックスペッパーはバターにも使っていますが、
マヨネーズのほうがその刺激的な辛みが
ダイレクトに伝わります。より刺激が
欲しいときはバターよりマヨネーズに合わせて。

42

ピクルスマヨネーズ

▶P.30.88

ハンバーガーなどに
よく合うスプレッド。
ミニきゅうりのピクルスは
お好みで本数を加減してもいいでしょう。

材料（約大さじ4分）
きゅうりのピクルス*（みじん切り）……6本分
マヨネーズ……大さじ3
マスタード……小さじ1
塩・こしょう……各適量

＊コルニッションと呼ばれるミニきゅうりのピクルス。ス
ーパーなどに瓶詰が売られている。▶P.94

作り方
ボウルにすべての材料を入れ、均一に混ぜる。
日持ち●約2日間

バルサミコ酢マヨネーズ

▶P.54

ビーフやポークのサンドイッチに
よく合うスプレッドです。
味わい深いバルサミコ酢のコクと酸味が、
肉などのパンチのある素材を引き立てます。

材料（約大さじ1½分）
マヨネーズ……大さじ1
バルサミコ酢……大さじ½
作り方
ボウルにすべての材料を入れ、均一に
混ぜる。　日持ち●約2日間

柚子こしょうマヨネーズ　▶P.58

マスタードや辛子より、和の辛みが欲しいときに使ってみてください。
柚子のさわやかな香りも上品なスプレッドです。

材料（約大さじ2分）
マヨネーズ……大さじ2
柚子こしょう……小さじ1
作り方　ボウルにすべての材料を入れ、
均一に混ぜる。　日持ち●約2日間

野菜のスプレッド

たらこと桜えびのポテトスプレッド　▶P.38

グリーンピースはその緑色が、たらこ色のポテトの
アクセントになりますので、必ず入れてください。
桜えびを釜揚げしらすに替えてもおいしくいただけます。

材料（約大さじ17分）
たらこ……½腹
桜えび（釜揚げ）……20g
玉ねぎ（薄切り）……30g
じゃがいも（一口大に切る）
　……270g（中2個）
グリーンピース（冷凍）……20g
レモン汁……大さじ½
マヨネーズ……大さじ1
塩……適量

作り方
1. 玉ねぎは2.5%の塩水に20分さらし、水洗いした後、ざるに上げて水気
をきり、ペーパータオルで2回水分を絞る。グリーンピースは湯通しして
解凍し、水気を拭く。
2. じゃがいもは鍋で竹串がすっと入る程度にゆでる。ざるに上げて水気を
きり、鍋に戻して火にかけて鍋をゆすって水分をとばし、木べらで形が残る
程度につぶす。熱いうちに1の玉ねぎ、レモン汁、塩少量を加えて全体に
混ぜ、粗熱をとる。
3. 桜えびはフライパンで約1分から煎りする。たらこは皮から取り出し、マ
ヨネーズとともに2に加えて均一に混ぜる。桜えび、1のグリーンピースを
加えて軽く混ぜる。★このままサラダにもおすすめ。
日持ち●約5日間

ビーツとポテトのスプレッド

▶P.39

はじめはビーツの衝撃的な赤紫色に驚かれるでしょうが、
見た目に反してやさしい味わいです。缶詰でも作れますが、
生のビーツが手に入るようならぜひ生で。
色の鮮やかさが違います。

材料（約大さじ19½分）

じゃがいも*¹（一口大に切る）……270g（中2個）
ビーツ*²……70g
玉ねぎ（薄切り）……20g
マヨネーズ……大さじ3
レモン汁……大さじ½
酢……少量
塩・黒こしょう……各適量

＊1　粘り気の強いメークインなどがおすすめ。
＊2　缶詰の場合は2個。

作り方

1. じゃがいもは鍋で竹串がすっと入る程度にゆでる。ざるに上げて水気をきり、鍋に戻して火にかけ、鍋をゆすって水分をとばす。木べらで形が残る程度につぶし、塩少量、レモン汁を加えて軽く混ぜ、粗熱をとる。
2. 玉ねぎは2.5%の塩水に20分さらし水洗いした後、ざるに上げて水気をきり、ペーパータオルで2回水分を絞る。
3. ビーツは皮のまま半分に切って小鍋に入れる。かぶる程度の水と酢、塩少量を入れて火にかけ、柔らかくゆでる。皮をむいていちょう切りにし、ペーパータオルで水分を拭く。
4. 1に2、3、マヨネーズを加えて混ぜ、塩、黒こしょうで味をととのえる。

★このままサラダにもおすすめ。　　　　　**日持ち** ● 約5日間

アボカドヨーグルト

▶P.54

アボカドのスプレッドは
マヨネーズベースが主流ですが、
ここではヨーグルトでさっぱりと。
野菜スティックにも合います。

材料（約大さじ5分）

A ┌ アボカド（一口大に切る）……½個分
　├ 水切りヨーグルト……大さじ1
　└ レモン汁……大さじ½
万能ねぎ（小口切り）……2～3本分
塩・こしょう……各少量

作り方

1. ボウルにAを入れ、アボカドを粗くつぶしながら混ぜる。
2. 万能ねぎを加えて軽く混ぜ、塩、こしょうで味をととのえる。味をみて酸味が強ければ砂糖ひとつまみ（分量外）を加える。

★ディップとして食べる場合は、ヨーグルトは水切りしなくてもOK。

　　　　　　　　　　　　　　日持ち ● 当日のみ

水切りヨーグルト

ボウルにざるを重ね、ペーパータオルを敷き、プレーンヨーグルト1個分（400～450g）をのせて水気をきる。途中2～3回ペーパータオルを替える。⅓～¼量程度になればよい。

なすスプレッド ▶P.62

ヨーロッパや中東ではトマトなどと合わせてスプレッドにしますが、
みょうがが合わせた和風味は日本人には親しみある味わいです。
なすは面倒でも焼いて皮をむくと風味が増します。

材料 (約大さじ4½分)
なす……1本
みょうが……1個
A [白練りごま……小さじ½
にんにく (すりおろし)……小さじ⅛
レモン汁……小さじ1
オリーブ油……小さじ1]
塩……適量

作り方
1. なすは皮のまま、網で真っ黒になるまで焼き、熱いうちに皮をむく。みょうがはみじん切りにして水にさらし、ざるに上げて水気をきり、ペーパータオルで水分を絞る。
2. すり鉢に1のなす、Aを入れてなめらかになるまですり、1のみょうがを加えて軽く混ぜる。塩で味をととのえる。

日持ち ●約2日間

マッシュルームスプレッド ▶P.66

トーストサンドにおススメのこのスプレッドは、
ぜひ作り立ての温かいうちに食べてください。
ソースとして、鶏肉や白身魚のソテーにもよく合います。

材料 (約大さじ6分)
マッシュルーム……110g
バター……小さじ2
薄力粉……小さじ1
牛乳……大さじ3
A [ゴルゴンゾーラチーズ……10g
粒マスタード……小さじ1]

作り方
1. マッシュルームは縦半分に切り、薄切りにする。鍋にバターを入れて火にかけて溶かし、弱火でマッシュルームをしんなりするまで炒める。
2. 薄力粉をふり入れて全体に炒め合わせ、牛乳大さじ2を加えて均一に炒め合わせる。Aを加えて混ぜ合わせ、残りの牛乳を加えて全体に混ぜてとろみをつける。

日持ち ●当日のみ

カレーオニオンスプレッド ▶P.80

鶏や魚介やいろいろな具材と混ぜて、味わいのある
カレースプレッドが作れます。バーガー類にひと塗りすれば、
お手軽なカレーハンバーガーやカレーフィッシュバーガーの出来上がり!

材料 (約大さじ4分)
A [玉ねぎ (粗みじん切り)……75g
カレー粉……小さじ1
ターメリックパウダー (あれば)……ひとつまみ]
B [白ワイン……大さじ2
ケチャップ……小さじ1]
オリーブ油……小さじ1

作り方
1. 小さめのフライパンにオリーブ油を熱し、Aを順に入れて香りが立つまで中火で炒める。
2. Bを加えて全体に混ぜて弱火にし、水分がなくなるまで6〜7分炒め、粗熱をとる。

日持ち ●約1週間

山椒風味の卵スプレッド

▶P.35

山椒風味でお酒がススむ
スプレッドです。
マヨネーズは少なめに、
卵と山椒の実をまとめる程度に
すると、パンに挟むときに、
はみださずに上手に切ることが
できます。

材料（約大さじ4分）
ゆで卵（みじん切り）……1個分
山椒の実（佃煮）*……大さじ1
A ┌ マヨネーズ……大さじ1
　└ レモン汁……小さじ1
塩……適量

＊生の場合はゆでて、フライパンで1分ほど煎
る。塩漬けはフライパンで1分ほど煎る。▶P.94

作り方
ボウルに山椒の実を入れてすりこぎで
軽くつぶして香りを立たせ、ゆで卵、A
を加えて均一に混ぜる。塩で味をとと
のえる。

★山椒の葉が手に入る時季は、最後に20
枚ほどちぎり入れて混ぜる。

日持ち●約2日間

タルタルスプレッド　▶P.90

魚介との相性がバツグンのおなじみスプレッド。
本書ではフィッシュバーガーに合わせましたが、
あじやえびなどのフライを挟んだサンドイッチにもぴったりです。

材料（約大さじ7分）
ゆで卵（みじん切り）……1個分
玉ねぎ（薄切り）……1/8個分
A ┌ きゅうりのピクルス*1（みじん切り）……3本分
　│ パセリ（みじん切り）……大さじ1
　│ マヨネーズ……大さじ1・1/2
　│ レモンの皮（すりおろし）……1/3個分
　└ レモン汁……小さじ1

＊1　コルニッションと呼ばれるミニきゅうりのピクルス。
スーパーなどに瓶詰が売られている。▶P.94

作り方
1. 玉ねぎは2.5%の塩水に20分さらし、水洗いした後、ざるに
上げて水気をきり、ペーパータオルで2回水分を絞る。
2. ボウルに1、ゆで卵、Aを加えて均一に混ぜる。

日持ち●約2日間

ホースラディッシュとクリームチーズ

▶P.33

材料（約大さじ2・1/2分）
クリームチーズ*1（常温にもどす）……大さじ2
ホースラディッシュ*2……大さじ1/2
レモンの皮（すりおろし）……1/2個分
レモン汁……少量

＊1　マスカルポーネチーズに替えるとまろやかに、
カッテージチーズに替えるとヘルシーになる。
＊2　市販のチューブタイプや瓶詰がある。▶P.95

ホースラディッシュといえばローストビーフですが、
さわやかな辛みがスモークサーモンにもよく合います。
ホースラディッシュをバターやマヨネーズと合わせても
おいしいスプレッドに。

作り方
ボウルにクリームチーズを入れて柔らかく練り、残り
の材料を加えて均一に混ぜる。　　**日持ち**●約3日間

ふきのとうとゴルゴンゾーラチーズ ▶P.56

ふきのとうとゴルゴンゾーラチーズの
個性がぶつかることなく
相乗効果を生みだします。
焼豚のほか、パテやハムなど、
さらに味の強い具材に合わせれば、
酒の肴にもってこいのサンドイッチに。

材料（約大さじ3分）
ふきのとうの佃煮（瓶詰。みじん切り）
　……30g ▶P.95
ゴルゴンゾーラチーズ ……20g
オリーブ油 ……大さじ1
作り方
1. ゴルゴンゾーラチーズは手で細かくほぐし、ボウルに入れる。
2. 小さなフライパンにオリーブ油とふきのとうを入れて、中火で
約1分炒める。**1**に油ごと加え、スプーンで手早く混ぜてチーズ
を溶かす。　　　　　　　　　**日持ち**●約1週間

材料（約大さじ3分）
ブルーチーズ ……10g
サワークリーム ……大さじ1
マヨネーズ ……大さじ1
くるみ（粗くくだく）……2個分
作り方
ボウルにすべての材料を入れ、均
一に混ぜる。　**日持ち**●約3日間

ブルーチーズ

▶P.86

生ハムなどと合わせて
普通のサンドイッチとしても、
ソーセージと合わせてグリルサンドとしても。
そのままでも焼いても、
それぞれの個性が楽しめるスプレッドです。

はちみつヨーグルト

▶P.72.73

スイーツサンドに欠かせないスプレッド。
はちみつの甘い香りと
さっぱりとしたヨーグルトで、
王道の生クリームにも負けない
おいしさです。

材料（約大さじ3½分）
水切りヨーグルト（→p.44）
　……大さじ3
はちみつ ……大さじ1½
作り方
ボウルにすべての材料を入れ、均
一に混ぜる。　**日持ち**●約3日間

材料（約大さじ3分）
ヨーグルト ……大さじ2½
ウスターソース ……大さじ1
塩・こしょう ……各適量
作り方
ボウルにヨーグルトを入れ、ウスターソー
スを加え混ぜ、塩・こしょうで味をととのえ
る。　　　　　**日持ち**●約3日間

ヨーグルトウスタースプレッド

▶P.88

ヨーグルトとさらりと辛いウスターソースで、
がっつりした肉のサンドイッチも
さっぱりといただけるスプレッドです。

レモン風味のツナスプレッド

▶P.37

ちょっとききすぎのレモンの酸味がきりりと冷やした白ワインに
よく合います。香菜をたっぷり加えるのでアジアン度の高い、
味わいも楽しいスプレッドになっています。

材料（約大さじ5½分）

ツナ（油漬け）……80g
玉ねぎ（みじん切り）……15g

A
- レモン汁……大さじ½
- レモンの皮（すりおろし）……½個分
- マヨネーズ……大さじ1½

香菜（みじん切り）……1株分
塩・こしょう……各適量

作り方

1. 玉ねぎは2.5%の塩水に20分さらし、水洗いした後、ざる
に上げて水気をきり、ペーパータオルで2回水分を絞る。ツ
ナは細かくほぐし、ペーパータオルで挟んで汁気をとる。
2. ボウルに1を入れて、Aを加えて均一に混ぜる。塩、こしょ
うで味をととのえ、香菜を加えて軽く混ぜる。

日持ち●約2日間

黒オリーブとツナのスプレッド

▶P.36

缶詰の黒オリーブは独特なにおいが
気になることがありますが、
オリーブ油、ディルなどのハーブ類、
にんにくのみじん切りと一緒に一晩漬ければ、
缶臭も和らぎ、おいしくいただけます。

材料（約大さじ10分）

ツナ（油漬け）……70g
万能ねぎ（小口切り）……小さじ1

A
- アンチョビ（フィレ）……1枚
- 黒オリーブ（種を除く）……12個
- きゅうりのピクルス*（汁気を拭く）……3本
- レモン汁……小さじ1
- オリーブ油……大さじ½
- にんにく（薄切り）……1枚

塩・こしょう……各適量

*コルニッションと呼ばれるミニきゅうりのピクルス。
スーパーなどに瓶詰が売られている。▶P.94

作り方

1. ボウルに汁気をきったツナを入れて細かくほぐ
し、万能ねぎを加えて軽く混ぜる。
2. ブレンダーなどにAを入れて攪拌し、細かく刻
み1に加えて均一に混ぜる。塩、こしょうで味をと
とのえる。

日持ち●約2日間

スモークサーモンといくらのスプレッド

▶P.32

材料（約大さじ3½分）
スモークサーモン*（粗みじん切り）……50g
いくら……小さじ1
A ┌ クリームチーズ……小さじ2
　├ レモン汁……小さじ1
　└ 生クリーム……小さじ1
タイム（葉のみ）……2枚分
塩・黒こしょう……各適量

＊切り落としで十分。

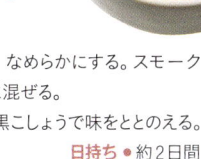

サーモンといくらのリッチなこの
スプレッドはサンドイッチだけでなく、
クリームチーズを増やして
チーズ感多めのディップとして、
オープンサンドにもよく合います。

作り方
1. ボウルにAを入れてよく混ぜ、なめらかにする。スモークサーモン、タイムを加えて均一に混ぜる。
2. いくらを加えて軽く混ぜ、塩、黒こしょうで味をととのえる。

日持ち ● 約2日間

あじの干物スプレッド

▶P.62

材料（約大さじ13分）
あじの干物……2枚
じゃがいも（一口大に切る）
　……150g（中1個）
にんにく（半割り）……1片分
A ┌ 生クリーム……大さじ1
　└ 牛乳……大さじ1
バター……大さじ1
パセリの葉（みじん切り）……大さじ1
塩・黒こしょう……各適量

マッシュポテトのバター風味で、
身近なあじの干物がフレンチに
大変身します。
ほかの干物でも試してみてください。

作り方
1. あじの干物を焼き、骨を除いて手で細かくほぐす。
2. 鍋にじゃがいもとにんにくを入れ、かぶる程度の水を入れて火にかけ、じゃがいもに竹串がすっと入るまでゆでる。ざるに上げて水気をきり、鍋に戻して火にかけ、鍋をゆすって水分をとばす。
3. 2を熱いうちに裏ごしし、鍋に戻してAを加え、弱火にかけて粘りが出るまで練る。火を止め、バターを加えて全体に混ぜる。裏ごしをせずにマッシャーでなめらかにつぶしてもよい。
4. 3に1、パセリを加えて軽く混ぜ、塩、こしょうで味をととのえる。

日持ち ● 約5日間

かきの燻製と春菊のスプレッド

▶P.66

かきの燻製と春菊のパンチある香りを
マイルドなヨーグルトでまとめた大人味のスプレッド。
鱈ちりなどさっぱり鍋のたれに入れても使えます。

材料（約大さじ9分）
かきの燻製（缶詰。油漬け）……固形量45g
春菊……135g（約10本）
水切りヨーグルト（→p.44）……大さじ2
塩……適量

作り方
1. 春菊は軸を切り落とし、3等分に切る。鍋に湯を沸かして根元から順に入れてゆでる。流水に取って冷まし、手で水気を絞る。
2. ブレンダーなどにかきと1、残りの材料を入れて攪拌し、春菊が細かく刻まれるまで攪拌する。味をみて足りないようなら塩を加える。

日持ち ● 約3日間

ベーコンビッツ

▶P.64

材料（約大さじ5分）
ベーコン（薄切り）……2枚
玉ねぎ（粗みじん切り）……25g
A ┌ パセリの葉……3枝分
　│ クリームチーズ（常温にもどす）……30g
　│ マヨネーズ……小さじ2
　└ マスタード……小さじ2
オリーブ油……小さじ1
塩……適量

カリカリのベーコンがクセになるスプレッドです。
意外なことにご飯にも合うので、
このベーコンビッツを具材に
のり巻きを作っても新鮮なおいしさを味わえます。

作り方
1. フライパンに油をひかず、ベーコンを弱火で焼く。途中脂が出たらペーパータオルで拭き、両面をカリカリに焼いて取り出す。
2. 1のフライパンにオリーブ油を入れて熱し、玉ねぎを中火で透き通るまで炒め、粗熱をとる。
3. ブレンダーなどで1を細かく攪拌し、取り出す。
4. 2を軽く攪拌する。Aを順に加え、そのつど攪拌してなめらかになったら3を加え、混ぜ合わせ、塩で味をととのえる。　　　**日持ち** ● 約5日間

レバーペースト

▶P.92

材料（約大さじ12分）
鶏肉のバルサミコ酢煮
　鶏レバー……200g
　A ┌ バルサミコ酢……大さじ1
　　│ しょうゆ……大さじ1
　　└ 白ワイン……大さじ1
玉ねぎ（粗みじん切り）……50g
セロリ（粗みじん切り）……30g
白ワイン……小さじ2
バター（常温にもどす）……大さじ2
オリーブ油……小さじ2

レバーペーストのもとになる
鶏肉のバルサミコ酢煮は、それだけでも
おいしくいただける一品です。多めに作って、
そのままおつまみにもおすすめ。

作り方
1. 鶏レバーは3等分に切り、血合いや血のかたまりを取り除き、水を数回替えながらよく洗う。
2. 鍋に1、Aを入れて中火にかけ、沸いたら弱火にして蓋をし、6〜7分煮る。蓋を取って中火にし、水分がほぼなくなるまで煮詰める。
3. フライパンにオリーブ油を入れて熱し、玉ねぎ、セロリをしんなりするまで炒める。白ワインを加えて弱火にし、約3分炒める。
4. ブレンダーなどに2、3、バターを入れて攪拌し、なめらかなペースト状にする。　　　**日持ち** ● 約5日間

フムス

▶P.85

材料（約大さじ11分）
ひよこ豆（水煮）……100g
にんにく……小2片
白練りごま……大さじ1
オリーブ油……大さじ2
ヨーグルト……大さじ2
レモン汁……大さじ½
クミンパウダー（あれば）……小さじ½
コリアンダーパウダー（あれば）……小さじ½
カイエンヌペッパー*……ひとつまみ
塩……適量
＊チリペッパーでも可。

クミンやコリアンダーパウダーを
使うことによってエスニック感が高まります。
塗るときに少し重いと感じたら、
オリーブ油を加えて
混ぜてみてください。なめらかになります。

作り方
ブレンダーなどにカイエンヌペッパー以外の材料を入れて攪拌し、なめらかなペースト状にする。カイエンヌペッパーを加えてひと混ぜし、塩で味をととのえる。　　　**日持ち** ● 約5日間

黄桃とチーズ

▶P.74

少しゼラチンを加えることで、
パンに塗りやすくなります。
黄桃の黄色い色合いを大切にしたいので
チーズは少なめですが、
それでもチーズ感は十分です。

材料（約大さじ10分）
黄桃（缶詰）……200g
マスカルポーネチーズ……15g
ラム酒（ダーク）……1〜2滴
ゼラチン（25mℓの水で溶く）……2.5g
作り方
1. 黄桃は水分を拭き、ブレンダーなどにラム酒とともに入れ、ペースト状に攪拌する。
2. ボウルにマスカルポーネチーズを入れ、1と水で溶いたゼラチンを加えて混ぜ、冷蔵庫で1時間冷やし固める。　　　　**日持ち** ● 約2日間

ブルーベリーあんこ

▶P.75

材料（約大さじ4分）
市販の練りあん（こし）……50g
ブルーベリージャム（低糖）……50g
作り方
小鍋にすべての材料を入れてゴムべらで均一に混ぜ、弱火にかけてジャムの水分がとぶまで煮詰める。
　　　　日持ち ● 約2週間

ジャムの水分を
しっかりとばすと
甘みの際立つ
フルーツあんこになります。
また少し水分を残して仕上げると
しっとりとした味わいに。
お好みで加減してみてください。

オレンジあんこ

▶P.75

果肉の入ったジャムを使えば
フルーツ感が増します。
オレンジマーマレードには
洋酒が合うので、
一滴のお酒を忘れずに。

材料（約大さじ4½分）
市販の練りあん（こし）……65g
オレンジマーマレード（低糖）……50g
ラム酒（ダーク）＊……小さじ½
＊コアントローやグランマルニエなどのオレンジのリキュールもおすすめ。
作り方
鍋にこしあん、オレンジマーマレードを入れ、ゴムべらで均一に混ぜる。弱火にかけてラム酒を加え、ジャムの水分がとぶまで煮詰める。
　　　　日持ち ● 約2週間

甜麺醤スプレッド
（テンメンジャン）

▶P.56

味が濃いので薄めに塗るのがポイント。
冷めると固まって塗りにくくなることもありますが、
そういうときは温めてから使ってみてください。

材料（約大さじ4分）

甜麺醤 …… 大さじ3
砂糖 …… 大さじ2
紹興酒 …… 大さじ1
ごま油 …… 大さじ1
水 …… 大さじ1

作り方

1. 小鍋に紹興酒を入れて火にかけ、沸く直前に火を止める。
2. 残りの材料をすべて加え、再び弱火にかけ、ゴムべらで混ぜながらとろりとするまで煮詰める。ときどき鍋を火から遠ざけて、焦げないように注意する。

日持ち ●約10日間

チリトマトスプレッド

▶P.85

フムスサンドのほかいろいろなサンドイッチに
辛みのアクセントとして使えます。
多めに作れば、パスタと和えてアラビアータソースとしても重宝します。

材料（約大さじ9分）

ホールトマト（缶詰）……1缶（400g）
赤唐辛子（種を除いてみじん切り）……1本分
ウスターソース …… 小さじ2
塩 …… 小さじ1

作り方

1. 鍋にホールトマトと赤唐辛子を入れて弱火にかけ、木べらでトマトをつぶしながら混ぜる。
2. 残りの材料を加えて混ぜながら、水分がとぶまで煮詰める。

日持ち ●約1週間

カレーケチャップスプレッド

▶P.87

ホットドッグに欠かせないスプレッド。
ゆでたじゃがいもに塗って、チーズをのせてオーブンで焼けば、
お手軽なビールのおつまみにもなります。

材料（約大さじ2分）

カレー粉 …… 小さじ1
ケチャップ …… 大さじ2
ウスターソース …… 小さじ2
オリーブ油 …… 小さじ2

作り方

1. 小さいフライパンにオリーブ油とカレー粉を入れて中火にかけ、香りが立つまで炒める。
2. 残りの材料を加えて、ふつふつと沸くまで炒め混ぜる。

日持ち ●約5日間

スプレッドで広がる
サンドイッチ・バリエーション

Part3では、スプレッド＋具材のリッチなサンドイッチ、作り立てがおいしいトーストサンド、見た目もかわいいスイーツサンド、をご紹介します。ひとつひとつに個性的な味わいがありますが、何種類か作って、一度にいろいろな味を試してみるのもおすすめです。

Part 3

えびアボカドサンド

アボカドをマヨネーズのかわりにヨーグルトと
合わせるのが我が家流。昔、イギリスで覚えた
スプレッドです。あっさりしたおいしさが魅力。

材料

食パン（8枚切り）……2枚
小えび（殻付き）……10尾
片栗粉……大さじ½
A ┌ 酒……大さじ1
  │ 塩……小さじ1
  └ 水……1カップ
アボカドヨーグルト ▶P.44
　　……大さじ4
マスタードマヨネーズ ▶P.42 ……大さじ½

作り方

1　小えびは殻付きのまま背わたを取り、片栗
　粉をふって軽くもみ、流水で洗ってざるに上
　げて水気をきる。
2　鍋にAと**1**を入れ、火にかける。沸騰直前に
　火を止めてそのまま冷まし、ペーパータオル
　で水気を拭く。
3　食パン1枚の片面にアボカドヨーグルトの半
　量を塗り広げ、**2**を並べ、もう半量を小えび
　のすきまを埋めるように塗り重ねる。
4　もう1枚にマスタードマヨネーズを塗り広げ
　て**3**に重ね、ラップでぴっちり包み冷蔵庫で
　20分おく。ミミを切り落として4等分し、皿
　に盛る。

ローストビーフサンド

ホースラディッシュのかわりにわさびバターで
和のテイストに。ちょっぴり甘いバルサミコ酢
マヨネーズで味わい深くいただきます。

材料

食パン（8枚切り）……2枚
ローストビーフ……大4〜5枚
クレソン……適量
A ┌ しょうゆ……小さじ2
  └ バルサミコ酢……大さじ1
わさびバター ▶P.40 ……大さじ½
バルサミコ酢マヨネーズ ▶P.43 ……大さじ1½

作り方

1　ボウルにAを合わせ混ぜ、ローストビーフに
　からめる。
2　食パン2枚のそれぞれ片面にわさびバター
　を半量ずつ塗り広げる。
3　**2**の1枚にバルサミコ酢マヨネーズを塗り重
　ね、**1**、クレソンを順にのせ、**2**のもう1枚を
　重ねる。
4　重しをして約15分おき、ミミを切り落として
　2等分し、皿に盛る。

Roasted Beef Sandwich.

Prawn & Avocado Sandwich

焼豚サンド2種

甜麺醤スプレッドは定番の中華味、ふきのとうとゴルゴンゾーラのスプレッドは変化球。
焼豚で2種類のサンドイッチを作りました。コツはスプレッドに
よって焼豚の厚みをかえること。それぞれ別物のおいしさです。

甜麺醤スプレッドの焼豚サンド

材料
食パン（10枚切り）……2枚
焼豚（3mm厚さのもの）……3〜4枚
長ねぎ……5cm
きゅうり（1mm厚さの斜め切り）……6〜7枚
ラー油……2〜3滴
マスタードマヨネーズ ▶P.42 …… 大さじ½
甜麺醤スプレッド ▶P.52 …… 小さじ2

作り方

1 長ねぎは外側を1枚むき、縦に包丁を入れ
て芯を取り除き、せん切りにする。水にさら
し、ざるに上げて水気をきり、ペーパータオ
ルで水分をとる。ボウルに入れてラー油を
加えて和える。

2 食パン2枚の片面にマスタードマヨネーズ
を半量ずつ塗り広げる。

3 2の1枚に甜麺醤スプレッドを塗り重ね、き
ゅうり、焼豚を重ね、1を散らす。

4 2のもう1枚を3に重ね、重しをして10分お
く。ミミを切り落として4等分し、皿に盛る。

ふきのとうと
ゴルゴンゾーラチーズの焼豚サンド

材料
食パン（10枚切り）……2枚
焼豚（5mm厚さのもの）……3枚
辛子バター ▶P.40 …… 大さじ½
ふきのとうとゴルゴンゾーラチーズ ▶P.47
　　……大さじ2

作り方

1 食パン2枚のそれぞれ片面に辛子バターを
半量ずつ塗り広げる。

2 1の1枚にふきのとうとゴルゴンゾーラチー
ズを塗り重ね、焼豚をのせる。もう1枚を重
ね、重しをして10分おく。

3 ミミを切り落として4等分し、皿に盛る。

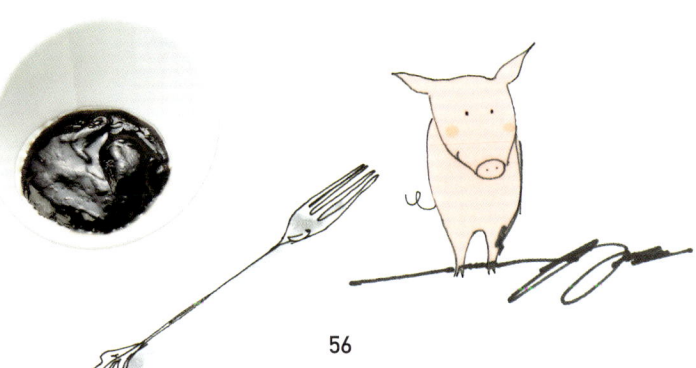

Rosted Pork Fillet Sandwich

with Sweet Flour Paste Spread.

with Butterbur Scape & Gorgonzola Spread.

れんこんサンド

れんこんはたっぷりの酢と塩でゆで、あらかじめしっかり味をつけると、
あとで塩をふらなくてすむので、よけいな水分が出ることもありません。
のりの香りも際立つ和風サンドです。

材料

食パン（10枚切り）……2枚
れんこん（直径約5cmのもの）……2cm

A ┌ 酢……25mℓ
  │ 塩……小さじ1
  └ 水……100mℓ

焼きのり（8枚切り）……2枚
柚子こしょうマヨネーズ ▶**P.43** …… 大さじ2

作り方

1 れんこんは2mm厚さの輪切りにする。鍋にA
　を入れて沸騰させ、れんこんを3分ゆでる。
　ざるに上げて水気をきり、粗熱がとれたらペー
　パータオルで水分をしっかり拭く。

2 食パン2枚の片面に柚子こしょうマヨネーズ
　を半量ずつ塗り広げる。

3 **2**の1枚に**1**をすきまなくのせ、もう1枚に焼
　きのりをのせ、2枚を重ねる。重しをして15
　分おく。

4 ミミを切り落として4等分し、皿に盛る。

Lotus Root Sandwich.

ラペサンド

キャロットラペとはフランスの家庭料理で、すりおろしたニンジンをドレッシングで和えたサラダのことをいいます。ここではせん切りにし、紫キャベツと合わせ、しょうがをきかせたラペサンドにしました。

材料

食パン（8枚切り）……2枚
にんじん（せん切り）……1/2本分
紫キャベツ（せん切り）……40g
パセリ（みじん切り）……小さじ1

A
- マスタード*……小さじ1
- オリーブ油……小さじ1
- レモン汁……小さじ1
- 塩・こしょう……各適量

ジンジャーバター ▶ P.41 ……大さじ1

*辛みがおだやかな仏・ブルゴーニュ地方のディジョンのものがおすすめ。▶ P.95

作り方

1 ボウルにAを入れてよく混ぜる。

2 紫キャベツはざるに入れ、熱湯を回しかけて水気をよく絞り、別のボウルに入れる。1を小さじ1加えて和える。また別のボウルににんじん、パセリを入れ、残りの1を加えて和える。

3 食パン2枚の片面それぞれにジンジャーバターを半量ずつ塗り広げる。

4 3の1枚に2を順に重ね、もう1枚を重ねる。重しをして10分おき、ミミを切り落として2等分し、皿に盛る。

Carottes Rapees Sandwich.

あじの干物サンド

干物スプレッドはバターをきかせて洋風に。
ミックスペッパーの香り高い辛みが
アクセントのお魚サンドです。

材料
食パン（8枚切り）·····2枚
ミックスペッパーマヨネーズ ▶**P.42**
　····· 大さじ ½
あじの干物スプレッド ▶**P.49** ····· 大さじ4

作り方
1　食パン2枚の片面にそれぞれミックスペッパーマヨネーズを半量ずつ塗り広げる。
2　1の1枚にあじの干物スプレッドを塗り重ね、もう1枚を重ねて重しをし、15分おく。
3　ミミを切り落として対角線上に4等分し、皿に盛る。

なすとポークのサンドイッチ

豚肉を使ったサンドイッチも、
なすスプレッドと合わせれば
さっぱりとヘルシーに食べられます。

材料
食パン（10枚切り）·····2枚
豚肩ロースしゃぶしゃぶ用肉·····3〜4枚
A ┌ 酒 ····· 30mℓ
　└ 水 ····· 1カップ
オリーブ油 ····· 小さじ1
スプラウト ····· ひとつかみ
辛子バター ▶**P.40** ····· 大さじ ½
なすスプレッド ▶**P.45** ····· 大さじ2

作り方
1　小鍋にAを入れて強火にかけ、沸いたらオリーブ油を加える。豚肩ロースしゃぶしゃぶ用肉を広げて加え、再び沸いたら火を止め、ざるに上げて水気をきり、ペーパータオルで水分を拭く。
2　食パン2枚のそれぞれ片面に辛子バターを半量ずつ塗り広げる。
3　2の1枚になすスプレッドを塗り、1をすきまなく並べ、スプラウトを重ねる。もう1枚を重ねて重しをし、15分おく。
4　ミミを切り落として3等分し、皿に盛る。

Aubergine & Pork Sandwich.

Horse Mackerel of Dried Fish Sandwich.

ベーコンビッツとりんごのサンドイッチ

ちょっとおしゃれなおいしさは、チーズでまとめたベーコンビッツとりんごの相性のなせる業。
スライスしたりんごはパンから少し飛び出すようにして挟むと、見た目も華やかです。

材料
食パン（10枚切り）……2枚
りんご（2mm厚さの半月切り）……¼個分
レモン汁……大さじ1
ベーコンビッツ ▶P.50 ……大さじ2
レモンバター ▶P.41 ……大さじ½

作り方
1 ボウルにりんごを入れてレモン汁をふり、よくからめる。
2 食パンのミミをすべて切り落とし、1枚の片面にベーコンビッツを塗り広げ、1をすきまなく並べる。このときりんごがパンの左右から1cm分飛び出るように並べる。
3 もう1枚にレモンバターを塗り重ね、2に重ねて重しをし、10分おく。2等分して、りんごが飛び出したほうを上にして皿に盛る。

りんごはこのように並べるときれいにみえる

もう一枚をかさねたら半分に切る

Bacon Bits & Apples Sandwich.

きのことベーコンのトーストサンド

きのこはお好きなものなんでもOKですが、
3種類くらい用意すると味に深みが出ます。
温かいうちにいただくのがオススメです。

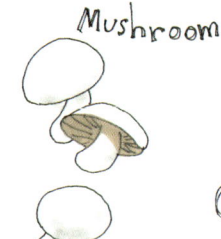

材料
食パン（8枚切り）……2枚
きのこ（しめじ、エリンギ、マッシュルームなど）
　　……合わせて35g
ベーコン（半分に切る）……1枚分
オリーブ油……小さじ1
塩・黒こしょう……各適量
辛子バター ▶**P.40**……大さじ½
マッシュルームスプレッド ▶**P.45**……大さじ3

作り方
1　きのこは石づきを切り落とす。しめじは手で
　　ほぐし、エリンギは手で割り、マッシュルー
　　ムは薄切りにする。
2　フライパンにオリーブ油を入れて熱し、1を
　　中火で炒めて油をからめ、ベーコンを加え
　　て両面に焼き色をつけながら、全体を炒め
　　る。ベーコンのみ取り出し、きのこに塩、黒
　　こしょうをふって炒め合わせる。
3　食パン2枚のそれぞれ両面はグリルパンで
　　焼き色がつくまで焼き、それぞれの片面に辛
　　子バターを半量ずつ塗り、その上にマッシ
　　ュルームスプレッドを半量ずつ塗り重ねる。
4　3の1枚に2のベーコン、きのこを順に重ね、
　　もう1枚を重ねる。手で軽く押さえて2等分
　　し、皿に盛る。

かきとベーコンのトーストサンド

旨みたっぷりのかきの燻製スプレッドと
スモーキーなベーコンの相乗効果で、極上の
酒の肴サンドに。ウイスキーにも合います。

材料
食パン（8枚切り）……2枚
ベーコン……2枚
辛子バター ▶**P.40**……大さじ½
かきの燻製と春菊のスプレッド ▶**P.49**
　　……大さじ2

作り方
1　フライパンを中火にかけ、ベーコンの両面を
　　焼き色がつくまで焼く。
2　食パン2枚はグリルパンで両面を焼き色が
　　つくまで焼き、それぞれの片面に辛子バター
　　を半量ずつ塗り、その上にかきの燻製と春
　　菊のスプレッドを半量ずつ塗り重ねる。
3　2の1枚に1を並べ、もう1枚を重ねる。手
　　で軽く押さえて対角線上に2等分し、皿に盛
　　る。

Smoked Oyster & Bacon Sandwich.

Mushroom & Bacon Sandwich.

キムチのトーストサンド

大阪・鶴橋の喫茶店で食べたキムチサンドは卵焼きが入った豪華版。
ここではもう少しシンプルにしましたが、それでも大阪気分を味わうには十分。
白菜の白い部分が噛み切りにくいので、細かく刻むと食べやすくなります。

材料

食パン（8枚切り）……2枚
白菜キムチ……50g
ロースハム……2枚
きゅうり（細切り）……⅓本分
レモンバター ▶P.41 ……大さじ½
マスタードマヨネーズ ▶P.42 ……大さじ1

作り方

1 白菜キムチの軸の部分は細かく刻み、ペーパータオルで全体の水気を軽く拭く。

2 食パン2枚はトースターで焼き、それぞれの片面にレモンバターを半量ずつ塗り広げ、マスタードマヨネーズを半量ずつ塗り重ねる。

3 2の1枚にきゅうり、ロースハム、1の順にすきまなく重ね、もう1枚を重ねる。手で軽く押さえて2等分し、皿に盛る。

Kimchi Sandwich.

パクチーミントスプレッドのチキントーストサンド

刺激的なパクチーとさわやかなミントのスプレッドで、
手軽に中近東や東南アジア料理のようなワールドワイドな味を楽しむことができます。
スモークパプリカチキンと合わせて、クセになるサンドイッチに。

材料

食パン（8枚切り）……2枚
鶏もも肉……1/3枚
スモークパプリカパウダー*……大さじ1
塩・こしょう……各適量
オリーブ油……小さじ1
レモンバター ▶ P.41 ……大さじ1/2
パクチーミントスプレッド ▶ P.17
　……大さじ1〜2

＊パプリカをスモークして、粉末にしたもの。▶ P.95

作り方

1　鶏もも肉の両面に塩、こしょうをふり、全体にスモークパプリカパウダーをすり込む。

2　フライパンにオリーブ油を入れて熱し、**1**を皮側を下にして弱火でじっくり焼く。途中脂が出たら、ペーパータオルで拭き取り、周りが白くなったら裏返して中まで火を通す。串を刺して透明な肉汁が出たら焼き上がり。冷めたら4mm厚さのそぎ切りにする。

3　食パン2枚はグリルパンで両面を焼き色がつくまで焼き、それぞれの片面にレモンバターを半量ずつ塗り、その上にパクチーミントスプレッドを半量ずつ塗り重ねる。

4　**3**の1枚に**2**をすきまなく並べ、もう1枚を重ねる。手で軽く押さえて2等分し、皿に盛る。

Chicken Sandwich with Coriander & Spearmint Spread.

チョコバナナサンド

バナナとチョコレートの黄金コンビ。甘さ控えめのダークチョコレートで
ビターなおいしさを味わいましょう。ラップで包んで冷蔵庫で冷やすと
パンとパンがしっかりくっつき、切りやすくなります。

材料
食パン（8枚切り）……2枚
バナナ（横半分に切る）……1本分
チョコレート*（カカオ70%以上のもの。
　粗く削る）……大さじ3
レモンバター ▶P.41 ……大さじ½
はちみつヨーグルト ▶P.47 ……大さじ3½

*カカオ分の少ない甘めのものは大さじ2。

作り方
1　食パン2枚のそれぞれ片面にレモンバター、
　　はちみつヨーグルトを各半量ずつ順に塗り
　　重ねる。チョコレートをそれぞれに散らす。

2　1の1枚にバナナを並べて、もう1枚を重ね
　　る。ラップでぴっちり包み、冷蔵庫で30分
　　おく。

3　ミミを切り落としてバナナが横半分で切れる
　　ように2等分し、皿に盛る。

いちごヨーグルトサンド

フルーツサンドの王道と言えばいちご。生クリームと合わせるのが
一般的ですが、ここでははちみつヨーグルトを使って泡立てる手間を省きました。
小さめのいちごなら切り口もまん丸に、かわいく仕上がります。

材料
食パン（8枚切り）……2枚
いちご＊（ヘタを取る）……小6個
レモンバター ▶P.41 ……大さじ½
はちみつヨーグルト ▶P.47 ……大さじ3½

＊なるべく丸い形を選ぶと切り口がかわいい。

作り方
1 食パン2枚のそれぞれの片面にレモンバターを半量ずつ塗り広げる。1枚のレモンバターの面にははちみつヨーグルトを塗り重ね、いちごを3個ずつ2列に並べる（イラスト参照）。
2 もう1枚を重ねてラップでぴっちり包み、冷蔵庫で30分おく。ミミを切り落として3等分し、皿に盛る。

黄桃クリームサンド

缶詰を使った黄桃スプレッドをサンドしました。
挟んだあと冷蔵庫で冷やせば、切りやすくなるのはもちろん、
黄桃クリームが冷えて、一段とおいしくなります。

材料
食パン（10枚切り）·····2枚
レモンバター ▶P.41 ·····大さじ½
黄桃とチーズ ▶P.51 ·····適量

作り方

1 食パン2枚のそれぞれ片面にレモンバター
　を半量ずつ塗り広げ、1枚に黄桃とチーズを
　塗り重ねる。

2 もう1枚を重ねてラップでぴっちり包み、冷
　蔵庫で30分おく。

3 ミミを切り落として4等分し、皿に盛る。

フルーツあんこサンド

フルーツとあんこの
おいしいコラボレーション。
市販のジャムを使うので
簡単に作ることができます。
ほかにもいろいろなジャムで
試してみてください。
フルーツあんこはさっぱりしているので、
たっぷり塗って召し上がれ。

材料

食パン（10枚切り）……2枚
レモンバター ▶P.41 * …… 大さじ1
オレンジあんこまたはブルーベリーあんこ ▶P.51 …… 適量

＊有塩バターで作ると、ほどよい塩味であんこと好相性。

作り方

1 食パン2枚のそれぞれ片面にレモンバターを半量ずつ塗り広げる。1枚にあんこスプレッドを塗り重ね、もう1枚を重ねる。

2 重しをして15分おき、ミミを切り落として2等分し、皿に盛る。

イギリスのお菓子に使われるスプレッド。
4種類の材料だけで手軽にできるので
ぜひ手作りしてみてください。
市販のものとは比べものにならないおいしさです。

簡単に作れて失敗しない＆酸味がきいてとってもおいしい！

レモンカードを作りましょう

材料（約360g分）
卵（常温にもどす）……3個

A ┌ レモンの皮＊（すりおろし）……3個分
　└ レモン汁……3個分

バター（常温にもどして1cm角に切る）……60g
砂糖……100g

＊国産の無農薬、ノーワックス、
防腐剤不使用のもの。

レモンの皮3個分を
すりおろしたもの。

1

ボウルに卵を割り入れ、
からざを取り除き、白身
を切るようにしっかりと
きほぐす。できるだけ目
の細かいざるでこす。

2

湯せんの準備をする。
鍋に水を入れ、静かに
沸かしてざるを重ねる。
水はざるの底が浸から
ない程度の量。

＊卵をゆっくり加熱してな
めらかに仕上げるため、60
～70℃を保つ。沸かしす
ぎないように注意。

3

片手鍋にバターを入
れ、2に重ねて溶かし、A
を入れて混ぜる。

4

砂糖を少しずつ加えて
そのつど混ぜ、溶かす。

5

1を一度に加え、すぐに
木べらで混ぜ始める。
15分ほど全体に混ぜ、
鍋底をかいて一瞬見え
る程度にとろみがつい
たら混ぜ終わり。

6

5が熱いうちに、目の細
かいざるでこす。煮沸
消毒した保存瓶などに
入れて冷蔵庫で保存す
る。

日持ち●約2週間

ヨーロッパで出会ったサンドイッチ

わたしの海外旅行の楽しみのひとつは、そこに住むひとたちが日常食べている屋台やスーパーマーケットのサンドイッチです。ランチどき、駅のキオスクのウインドー一面に並べられたサンドイッチのおいしそうなこと！　そこで出会ったのがイギリスのコロネーションチキンやドイツのカリーブルストです。

フランス・パリの屋台ではクロワッサンではなく、ホットドッグが売られていました。バゲットパンの上にのったソーセージにはたっぷりとチーズがかけられ、なんともフランスらしいと思ったものでした。

イギリス・ロンドンの食料品が並ぶバラマーケットではおいしい屋台が目白押し。ラムバーガーをはじめて知ったのはここ。ビールとの相性が最高でした。

最近行ったドイツの各地の駅で見つけたのは魚専門のサンドイッチ屋さん。サーモンや蟹、えびのほか、ニシンのマリネやうなぎの燻製までサンドされて、迷ってしまうほどのメニューが並んでいます。その中でもわたしのイチオシはマチェス（Matjes）サンドという、若にしんの塩漬けと生野菜が白パンに挟まれただけというシンプルなもの。この臭みのない生に近い塩漬けサンドは日本人なら絶対好き！という一品で、日本で食べられないのが残念でなりません。

まだまだ世界には知らないサンドイッチが山ほどあると思うとわくわくします。現地で食べるのも楽しみですが、味を覚えて、家に帰って作ってみるのが自分への最高のお土産だと思っています。

ブレーメンの名物屋台A. Stockhinger & Sohn(シュトックヒンガー)　のグリルソーセージ。

たっぷり蟹が入ったサンドイッチ。

ベルリンのデパートKaDeWe（カーデーヴェー）で食べたマチェスサンドは野菜がたっぷり。

いろいろな国のサンドイッチに
スプレッドをきかせて

スプレッドは各国サンドイッチの味も絶
妙に引き立てます。ヨーロッパで出会っ
た味も、最近、街で流行りのエスニック
な味も、自分で作れば自宅でも気軽に
旅行気分が味わえます。

Part 4

材料

食パン（8枚切り）……2枚

鶏胸肉……⅓枚

白ワイン（または酒）……50㎖

塩・こしょう……各適量

A ┌ マヨネーズ……大さじ1
　│ グリーンレーズン*（みじん切り）……小さじ1½
　└ **カレーオニオンスプレッド** ▶ P.45 ……大さじ½

レモンバター ▶ P.41 ……大さじ½

＊通常の黒いレーズンよりもやや酸味があり、
さわやかな後味。手に入らなければ
レーズン小さじ1で代用可。▶ P.94

作り方

1　鶏胸肉は厚みが均一になるように、分厚い部分はそぐように開く。皮側に数か所フォークで穴をあけ、両面に塩、こしょうをふる。

2　フライパンに1の皮側を下にしてのせ、白ワインをふり入れ、水（分量外）をひたひたに加え、強火にかける。沸いたら弱火にし、厚みの半分まで火が通ったら裏返し、約1分焼いて火を止める。アルミ箔をかぶせて余熱で火を通し、そのまま冷ます。

3　ボウルに2を粗く割いて入れ、Aを加えて和え、塩、こしょうで味をととのえる。

4　食パン2枚の片面それぞれにレモンバターを半量ずつ塗り広げる。

5　4の1枚に3をのせ、もう1枚を重ねる。重しをして約20分おき、ミミを切り落として対角線上に4等分し、皿に盛る。

 United Kingdom

コロネーションチキンサンド

イギリスのサンドイッチ売場で、かならず見かけるカレーマヨネーズ味の
チキンサンド。「コロネーション」とは「戴冠」を意味し、現女王エリザベス
Ⅱ世の戴冠式の晩餐会で振る舞われた料理だそう。
カレー味といってもクリーミーな味わいがイギリス風です。

材料

フランスパン ····· ½本分 (写真の上のパン)

さば*1 (一夜干し) ····· 半身

スモークチップ*2 (桜) ····· 25〜30g

玉ねぎ (薄切り) ····· 少量

スプラウト ····· ふたつかみ

ミックスペッパーバター ▶P.41 ····· 大さじ1

マスタードマヨネーズ ▶P.42 ····· 大さじ1

*1　輸入のさばの一夜干しが手に入れば、
そちらのほうがおすすめ。
*2　燻製用の木片。ホームセンターや
ネットで購入可。

作り方

1　さばはバットにのせて1時間ほど涼しいところに置く。

2　アルミ箔を箱形に形作り、スモークチップを入れて中華鍋の中央から少しずらして置き、強火にかける。煙が出たら網をのせ、1を並べて蓋をし、弱火で約15分、艶のある茶色になったら取り出す。粗熱がとれたら、冷蔵庫で一晩休ませる。

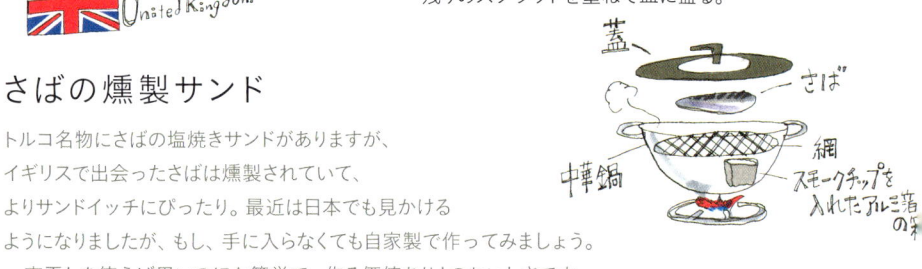

3　玉ねぎは水に約20分さらし、ざるに上げて水気をきる。ペーパータオルで水分をとる。2はフランスパンの大きさに合わせて切る。

4　フランスパンは真横より少し上から斜め下に向けて切り込みを入れる。切り口全体にミックスペッパーバター、マスタードマヨネーズを順に塗り重ねる。

5　下から順に、スプラウト半量、2のさば、3の玉ねぎ、残りのスプラウトを重ねて皿に盛る。

United Kingdom

さばの燻製サンド

トルコ名物にさばの塩焼きサンドがありますが、
イギリスで出会ったさばは燻製されていて、
よりサンドイッチにぴったり。最近は日本でも見かける
ようになりましたが、もし、手に入らなくても自家製で作ってみましょう。
一夜干しを使えば思いのほか簡単で、作る価値あり!のおいしさです。

蓋

さば

網

中華鍋

スモークチップを入れたアルミ箔の枠

ラムバーガー

ロンドンのバラマーケットという市場に立ち並ぶ屋台の中でも、
いつも長蛇の列ができているのがラムバーガーの店。
おいしいにおいに誘われ、思わず出来立てをほおばってしまいます。
熱いうちにいただくのが何よりのごちそうです。

材料

フランスパン（丸形）……1個
ラムもも薄切り肉
　　……4〜5枚（一口大に切る）
玉ねぎ（薄切り）……少量
ミックスリーフ……ひとつかみ
オリーブ油……小さじ3
辛子バター ……大さじ1
パクチーミントスプレッド
　　……大さじ2

作り方

1　フライパンにオリーブ油小さじ2を入れて熱し、ラムもも肉の両面を中火で色よく焼いて取り出す。同じフライパンにオリーブ油小さじ1を入れ、弱火で玉ねぎをじっくり焼く。フライパンが汚れたらペーパータオルでさっと拭く。

2　フランスパンを横半分に切り、1のフライパンで切り口をこんがり焼く。切り口にそれぞれ辛子バターとパクチーミントスプレッドを半量ずつ塗る。

3　2の下半分にミックスリーフ、1を順に重ね、上半分を重ねて皿に盛る。

 Turkey

フムスサンド

広く中東で食べられているフムスは、ボリューム満点のスプレッド。
ピリリと辛いチリトマトソースと合わせて、ホットな刺激も楽しみましょう。
満足度の高いこのベジタリアンサンドはダイエット中にも頼もしい一品です。

材料

ピタパン*……1個

A
- キャベツ（せん切り）……ふたつかみ
- 紫キャベツ（せん切り）
  ……軽くひとつかみ
- にんじん（せん切り）……軽くひとつかみ
- 香菜（葉のみ）……2枝分

スプラウト……ひとつかみ

リーフレタス……4枚

フムス ▶P.50 ……大さじ5〜6

チリトマトスプレッド ▶P.52 ……約大さじ2

＊中近東のパン。平たい円形で、
中が空洞になっていることから
ポケットパンとも呼ばれる。

作り方

1 ボウルにAを入れて軽く混ぜ合わせる。

2 ピタパンは半分に切ってポケット状に開き、
フライパンで両面をこんがり焼く。内側にチ
リトマトスプレッド大さじ¼を塗り広げ、フ
ムスの¼量を塗り重ねる。

3 2にリーフレタス2枚を挟み、スプラウト、1
をそれぞれ半量ずつ順に詰める。残りのフム
スの⅓量をのせ、チリトマトスプレッドを適
量かける。もう1個も同様に作って皿に盛る。

フレンチホットドッグ

France

パリのサンジェルマンデプレの屋台で出会ったホットドッグ。
皮がパリッとしたフランスパンにクセのあるチーズが驚くほどよく合います。
ソーセージとの相性もバツグン、贅沢なフランス風ホットドッグです。

材料

フランスパン……½本
ソーセージ（フランスパンの長さ）……1本
エメンタールチーズ……40g
パセリの葉（みじん切り）……ひとつまみ
カイエンヌペッパー*……ひとつまみ
オリーブ油……小さじ1
ブルーチーズ ▶ **P.47** ……大さじ1

＊カイエンヌペッパーは
一味とうがらしでも代用可。

作り方

1 フランスパンは上から切り込みを入れ、断面にブルーチーズを塗り広げる。

2 フライパンにオリーブ油を入れて熱し、中火でソーセージをこんがり焼く。1に挟み、エメンタールチーズをかけ、オーブントースターでチーズに焼き色がつくまで焼く。オーブンでもよい。

3 パセリとカイエンヌペッパーをふって皿に盛る。

カリーブルストサンド

ドイツでは屋台（インビス）でソーセージが売られていますが、
添えられるパンはソーセージを持つためのもの。あくまで主役はソーセージです。
ここではベルリン名物のカレー味のソーセージを挟んでみました。

材料
丸パン（小）……1個
ソーセージ（長いもの）……1本
オリーブ油……小さじ½
イングリッシュマスタード*……小さじ1
カレーケチャップスプレッド ▶P.52
　……大さじ2

＊酸味、辛みが強く刺激的な味わい。
なければ練り辛子で代用可。▶P.95

作り方
1　ソーセージは細かく切り目を入れる。フライパンにオリーブ油を入れて熱し、ソーセージをこんがり焼く。
2　パンは上から切り込みを入れ、断面にカレーケチャップスプレッド大さじ1を塗り広げる。
3　2に1を挟んで器に盛り、残りのスプレッドとイングリッシュマスタードを添える。

Germany

材料

バンズ（直径6.5cmの丸いパン）……3個

ハンバーグだね

牛ひき肉……140g

パン粉……大さじ3½

玉ねぎ（みじん切り）……25g

ビール……大さじ1½

粒マスタード……大さじ1

塩……小さじ½

黒こしょう……少量

トマト（1cm厚さの輪切り）……3枚

玉ねぎ（5mm厚さの輪切り）……3枚

サラダ菜……3枚

オリーブ油……小さじ2

ピクルスマヨネーズ ▶**P.43**……大さじ4

ヨーグルトウスタースプレッド ▶**P.47**

……大さじ3

 United States

100%ビーフハンバーガー

飲み会の席では、サンドイッチ同様つまみ感覚で食べられるように、
小ぶりのバンズを選んで小さなハンバーガーを作ります。
ヨーグルトウスタースプレッドで
さっぱりといただきましょう。

作り方

1 ボウルにハンバーグだねの材料をすべて入れ、手でよく混ぜ合わせて3等分し、パンの大きさに合わせて円形にする。

2 フライパンにオリーブ油小さじ1を入れて熱し、キッチンペーパーで脂を取り除きながら、1を弱火できれいな焼き色がつくまでじっくり焼いて取り出す。

3 2のフライパンの汚れをペーパータオルできれいに拭き取り、残りのオリーブ油を入れて熱し、玉ねぎの両面を弱火で焼き色がつくまで焼き、取り出す。

4 バンズを横半分に切り、3のフライパンで断面をこんがり焼き、ピクルスマヨネーズを⅙量ずつ塗る。

5 4の下のバンズにヨーグルトウスタースプレッドを⅙量ずつ塗り重ねる。3、2をそれぞれに重ね、残りのヨーグルトウスタースプレッドを⅓量ずつ塗り重ねる。トマト、サラダ菜をそれぞれ⅓量ずつ順に重ね、4の上のバンズをのせる。

ピクルスマヨネーズ

バンズ

サラダ菜

トマト

ハンバーグ

玉ねぎ

ヨーグルトウスタースプレッド

ピクルスマヨネーズ

バンズ

材料

バンズ（直径10cmの丸いパン）……1個

フィッシュバーグ

　白身魚（切り身）……100g

　A ┌ とき卵……½個分
　　│ 水切りヨーグルト ▶P.44 …… 大さじ2
　　│ 生クリーム（牛乳でも可）…… 大さじ½
　　└ 粒マスタード……小さじ1

　薄力粉……大さじ1

　塩・こしょう……各少量

　オリーブ油……大さじ1½

サラダ菜……2〜3枚

辛子バター ▶P.40 …… 大さじ½

タルタルスプレッド ▶P.46 …… 大さじ2

作り方

1　白身魚は皮と骨を除き、1.5cm角に切る。

2　ボウルにAを入れて混ぜ、薄力粉、1を加えてさっくり混ぜ、塩、こしょうし軽く混ぜる。

3　フライパンにオリーブ油を入れて熱し、2を丸く広げ入れて弱火で焼く。縁の色が変わったら、裏返して色よく焼く。

4　バンズは横半分に切り、断面に辛子バターを半量ずつ塗る。下のバンズにタルタルスプレッドの⅓量を塗り重ね、サラダ菜、3をのせ、残りのタルタルスプレッドをのせる。上のバンズを重ねて皿に盛る。

フィッシュバーガー United States

白身魚をお好み焼きのように焼くだけの、簡単パテのフィッシュバーガーです。
タラやタイなど、白身魚ならなんでもOK。
たっぷりのタルタルをのせて、アツアツ出来立てをどうぞ。

材料

フランスパン（柔らかめのもの）……10cm

なます（作りやすい量）

　┌ 大根（7cm長さのせん切り）……250g
　│ にんじん（4cm長さのせん切り）……50g
　│ 酢……50ml
　│ みりん……15ml
　│ 塩……小さじ½
　│ 柚子*¹の皮（せん切り）……¼個分
　└ 柚子の搾り汁……¼個分

香菜（太い茎は除く）……2本分

マーシュ*²……2～3枚

万能ねぎ……2本

ナンプラー……小さじ½

スイートチリバター ▶**P.41**……大さじ1

レバーペースト ▶**P.50**……大さじ2

＊1　レモンで代用可。
＊2　サラダ菜やリーフレタスなどでも代用可。

作り方

1　大根、にんじんは別々に塩半量ずつをふっ
　て10分おき、それぞれ水気を軽く絞る。

2　鍋に酢、みりんを入れて中火にかけ、沸いた
　ら火を止め、1のにんじんを加えて浸す。粗
　熱がとれたら1の大根、柚子の皮を加えて
　軽く混ぜ、柚子の搾り汁を加えて一晩おく。

3　2の40gをざるに上げて水分を軽くきってボ
　ウルに入れ、ナンプラーを加えて和える。

4　万能ねぎを5cm長さに切ってから縦半分に
　切って開き、せん切りにし、水に5分浸す。
　ざるに上げて水気をきり、ペーパータオル
　で水分を拭く。

5　フランスパンは横よりやや上から斜めに切り
　込みを入れ、断面にスイートチリバターを
　半量ずつ塗り、下の断面にレバーペースト
　を塗り重ねる。

6　5にマーシュを挟んで3を広げてのせ、香
　菜、4を散らして皿に盛る。

バインミー　Vietnam

レバーペースト＋香菜＋スイートチリバター＋なます＋フランスパン！！
ベトナムの定番サンドをはじめて食べたとき、理解不能（？）な
組み合わせに驚かされたものでした。でも、食べてみて
そのおいしさにまたびっくり。いろいろな味の相乗効果で、
噛めば噛むほどヤミツキの旨みが広がります。

材料解説

この本に登場した、おいしい味の名脇役たち。
はじめての味に出会うのもわくわくします。

Cheese

Garlic

Chili

EXTRA VIRGIN OLIVEOIL PRODUCT OF ITALY
PEELD ITALIAN TOMAT@ Spagnol
PREMIUM Peach Halves Yellow Cling Peach In Syrup
100% Natural Acacia Honey
Greenpea

ビーツ

びっくりするほど強烈な赤紫色の正体はビーツ。着色力が強いので、ほかの素材も染まってしまう。手についたときは、レモン汁で落とせる。赤かぶのように見えるが、大根やかぶとは無関係。ほうれん草と同じアカザ科の植物。

グリーンレーズン

普通のレーズンより甘みが少なく皮が柔らかい。さわやかな酸味の黄緑色の干しぶどう。

ミックスペッパー

カラフルペッパーなどとも呼ばれる。風味の異なる白・黒・緑・赤の4種のこしょうをブレンドすることで香りと辛みに深みを与える。ミックスペッパーバター、ミックスペッパーマヨネーズで使用。

きゅうりのピクルス
（コルニッション）

コルニッションはミニきゅうりのこと。5cm前後のときに収穫され、酢漬けにされる。甘みが少なくサンドイッチ向き。

山椒の実の佃煮

さわやかな辛みが特徴の山椒の実を佃煮にしたもの。市販で手に入る。

ひよこ豆

フムスはひよこ豆のスプレッド。ひよこ豆の最大の産地はインド。中東でよく食べられている。水煮が手軽で扱いやすい。

スモークパプリカ パウダー

パプリカをスモークして粉末にしたもの。肉にまぶしてソテーすると香り高い仕上がりに。ビーフシチューなど煮込み料理のトッピングにも。

練り辛子

辛子バターに使用。チューブのものが手軽に使える。

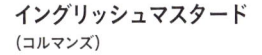

ふきのとうの佃煮（瓶詰）

下ごしらえなしに1年中、春の香りのふきのとうが味わえる便利な瓶詰。

ホースラディッシュ

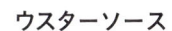

西洋わさび。日本のわさびのような緑色ではなく白色。さわやかな辛みで、英国では主にローストビーフに。最近、チューブでも売られている。

イングリッシュマスタード
（コルマンズ）

真っ黄色な色合いが特徴。和辛子よりやさしく、フレンチマスタードよりピリッとスパイシーなマスタード。イギリスでは、マスタードといえばこれが主流。

ウスターソース

世界初のソースメーカー・イギリスのリーベリン社のウスターソース。日本のものに比べてさらりとスパイシーな味わい。

マスタード
（ディジョン）

フランス・ブルゴーニュ地方で作られているフレンチマスタードのブランド。辛みがまろやかで、すっきりとした優しい味わいのマスタード。

スイートチリソース

辛み・甘み・酸味が三位一体となったアジア料理に欠かせないタイの調味料。生春巻きや揚げ物に合う。

朝倉めぐみ

多摩美術大学卒業後、出版社勤務を経て渡英。帰国後、出版、広告関係中心のイラストレーターとして活動を始める。ロンドンの美術大学在籍中は食べ歩きが趣味で、ヨーロッパ各国料理、中近東料理にも興味を持つ。
現在は友人を誘っての家飲みが多く、つまみはもっぱら自作の無国籍料理。その中でも、幼いころからのパン好きが高じて作り始めた和洋様々な一口サンドイッチは好評で、今では朝倉家の飲み会では欠かせないものに。
今回のサンドイッチには、そんな楽しく飲むためのおいしい工夫がたくさん詰まっている。

STAFF

アートディレクション ● 山川香愛
デザイン ● 山川図案室
撮影 ● 大見謝星斗（世界文化社）
スタイリング ● 久保田加奈子
レシピ取材 ● 井伊左千穂
サンドイッチ作製 ● 中里 研
イラスト ● 朝倉めぐみ
校正 ● 株式会社円水社
編集 ● 佐藤昌代（世界文化社）

塗って重ねる幸せなおいしさ

スプレッドが決め手のサンドイッチ

発行日　2015年5月30日　初版第1刷発行

著者　朝倉めぐみ
発行人　小穴康二
発行　株式会社世界文化社
〒102-8187　東京都千代田区九段北4-2-29
電話03-3262-5118（編集部）03-3262-5115（販売部）
印刷・製本　凸版印刷株式会社
DTP製作　株式会社明昌堂

ISBN978-4-418-15313-8
ⓒMegumi Asakura,Sekaibunka-sha,2015.Printed in Japan